Friedrich
Schorlemmer

# Träume und Alpträume

Einmischungen
1982 bis 1990



Verlag der Nation
Berlin

Mit einer Vorbemerkung
von Walter Jens

ISBN 3-373-00420-9

1. Auflage 1990

LSV 7002
Lektorat: Otto Matthies
Technischer Redakteur: Ingeborg Köhler
Grafische Konzeption: Detlef Ringer
Umschlagzeichnung: Stephan Köhler
Gesamtherstellung:
(52) Nationales Druckhaus Berlin

01280

## Inhalt

# Vorbemerkung

In diesem Buch schreibt und predigt, warnt und verkündigt ein ebenso mutiger wie eigenständiger Mann – ein Sozialist Blochscher Prägung, der um den *Wärmestrom* und *Glutkern* eines inspirierten, unscholastischen Marxismus weiß –, und hier ist auch ein Christ am Werk, der bei den kleinen Leuten wohnt, in Jesu Gefolge, bei den Frauen unterm Kreuz, den bekehrten Schächern und Zöllnern und dem Wirt, der dem geschundenen Samariter die Wunden verbindet.

Friedrich Schorlemmer ist ein Mann zwischen den Fronten. Gestern als rebellischer Pfaffe, Anwalt der Wehrdienstverweigerer und entschiedener Gorbatschowist in die Büros der Staatssicherheit zitiert (»Wie, Herr Pfarrer, ist Ihre 10. These zum Hallenser Kirchentag 1988 zu verstehen: ›Weil nur eine lebendige Kultur des Streits um die Wahrheit und um den besten Weg des menschlichen Miteinanders zu einer humanen, gerechten und überlebensfähigen Welt führt, halten wir es für erforderlich, daß die Kommunisten auf das mit Macht ausgeübte Wahrheitsmonopol und auf den prinzipiellen gesellschaftlichen Überlegenheitsanspruch verzichten‹? Pfarrer Schorlemmer, antworten Sie!«), gestern als Christ des Dritten Wegs bespitzelt, geschurigelt, an den Pranger gestellt, wird Schorlemmer heute als Roter beargwöhnt. Und dies, obwohl er seit Jahr und Tag nur die schlichte Wahrheit verkündet, die da besagt, daß jene (der Orthodoxie allezeit verhaßte) Utopie eines libertären Sozialismus, die auf der Dialektik der Begriffe *solitaire* und *solidaire* beruht und dem Individuum die gleichen Rechte gibt wie der Gesellschaft, mit dem Marxismus-Leninismus ebenso wenig erledigt ist wie die Sache des Jesus von Nazareth durch Inquisition und amtskirchliche Willkür, gnadenlose

Dogmatik und ein Paktieren mit der herrschenden Gewalt außer Kraft gesetzt wird.

In einem Augenblick, da die Stalinisten von gestern sich nun als Personalchefs kapitalistischer Betriebe andienen (»Schweinehunde«, wie Schorlemmer schreibt – im einzigen Wutausbruch dieses Buches und, bei Gott, einem gerechtfertigten!) und der Exekutor Mielke unter Absegnung der Regierungskoalition als Rente das Zehnfache der Versorgung eines Schweißers oder Schlossers erhält – in einem Augenblick, da die graue Vergangenheit eine sich mehr und mehr ins Schwarze verfärbende Gegenwart einzuholen beginnt, sind Leute wie Friedrich Schorlemmer Gold wert: engagierte Christenmenschen, die sich ans Werk machen, wo es gilt, den abgrundwärts rollenden Wagen vermittels einer Panne zum Halten zu bringen.

Der Prediger von Wittenberg und Friedens-Pastor (was schließlich sollte ein evangelischer Prediger auch sonst sein – es sei denn, er gehörte zu jenen, die während der Leipziger Demonstration die Kirchentore mit dem Bemerken versperrten, sie täten das nicht etwa, um die Demonstranten, sondern um . . . die Stasie auszusperren), der Prediger Friedrich Schorlemmer ist ein beherzter und verläßlicher Mann – einer, der von seinen himmelwärts gerichteten Träumen nicht abläßt, aber gleichwohl ein Mann mit Realitätssinn, der – auch dies – mit List argumentiert. Unvergeßlich, wie er mir vor Jahren mitteilen mußte, ich könnte für diesmal, da mich die Universitäten eingeladen hätten, in Kirchen keine Vorträge halten. Strikte Trennung sei angezeigt worden von seiten der Staatsmacht: Ob ich die beiden Herren erkenne, mit den Joppen, vor dem Eingang zum Augustiner-Kloster? Gewiß, sagte ich, aber was würde aus meinem Vortrag über den Prediger, Publizisten und Poeten Martin Luther? Darauf Schorlemmer: »Diskutieren dürfen Sie.« Ich: »Aber worüber, wo doch niemand meinen Vortrag kennt?« Nun wieder Schorlemmer: »Wer sagt das?« Ich: »Die Stasi draußen vor der Tür.« Er: »Die legen wir aufs Kreuz. Wenn alle da sind, eröffne ich den Abend mit dem Satz: ›Wir haben uns zu einer Diskussion über den Prediger Martin Luther versammelt.

Gestatten Sie, liebe Brüder und Schwestern, daß ich zunächst unserem Gast das Wort erteile und ihn frage, wie *er* das Problem sieht.‹ Bitte, lassen Sie sich Zeit, Walter Jens, Ihr Diskussionsbeitrag darf getrost sechzig Minuten lang sein.« Und so geschah es denn, ich hielt meinen Vortrag, die Leute waren's zufrieden, und auf den Bericht der beiden Herren vom Staatssicherheitsdienst bin ich noch heute gespannt.

Man sieht, wo andere vorpreschten und provozierten oder sich duckten und nachgaben, sobald die bürokratische Staatsmacht, in all ihrer kleinbürgerlichen Brutalität, sie disziplinierte, da wählte, wie die in diesem Buch gesammelten Texte beweisen, Friedrich Schorlemmer den Mittelweg: bewahrte den aufrechten Gang, aber operierte mit List – und durfte dabei des Zuspruchs jener fröhlichen, gelassenen und mutigen Bürger gewiß sein, die es in Wittenberg, in Naumburg, um den Magdeburger Dom und die Dresdener Kreuzkirche herum, am Prenzlauer Berg oder wo immer in der DDR denn auch noch gab. Und wie viele es waren, die – Friedrich Schorlemmer alleweil dabei und am liebsten voraus an der Tete – da nächtens, während der Friedensdekaden zum Beispiel, wie die Verschwörer durch die Straßen zogen (das Regime hatte das Entzünden von Kerzen, da eine subversive Handlung, verboten), das haben wir, die Friedensleute von Mutlangen und Großengstingen, mehr als einmal erlebt. Wir sind Zeuge gewesen, wie Friedrich Schorlemmer und seine Amtsbrüder die zu halsbrecherischen Aktionen entschlossenen Jugendlichen vor rascher, all zu rascher Solidaritätsbezeugung warnten: »Morgen früh am Arbeitsplatz, wenn ihr wieder allein seid, sieht es anders aus als jetzt. Wer verändern will, muß geduldig sein und mit Klugheit und Beharrlichkeit der allwissenden und allmächtigen Staatsmacht Paroli bieten.«

Wie die Reform in Gang gesetzt wurde und die *résistance* sich im Raum einer Kirche zentrierte, die in den achtziger Jahren sichtbar und erfolgreich Trauerarbeit leistete und ein Zeichen setzte, was *praxis pietatis,* tätiges Christentum, bedeutet, das ist bei Schorlemmer, Station für Station, nachzulesen. Und nachzulesen ist auch, wie aus der großen Angst zuerst brüderlich-schwesterliche Zuversicht, dann, nach dem *point of no return*, dem großen Betrug des 7. Mai 1989, allgemeine Courage im Sinne des *bis hierhin und nicht weiter*, schließlich Rebellion (*Wir sind das Volk!*) und endlich, im Zeichen einer universalen, vom Westen beförderten Restauration, wieder Verzagtheit wurde – eine Verzagtheit, die freilich dank der ungeschlagenen Genossenschaft vom Runden Tisch nicht von Dauer zu sein braucht: so wenig wie die Idee der *Kirche im Sozialismus* als einer jesuanischen Gemeinde der Beter und Täter in der Nachfolge Christi, für die, ein Stellvertreter unter vielen anderen, Friedrich Schorlemmer steht.

Schorlemmer, ein Anwalt der Aufklärung und Gewaltlosigkeit, der sich in den Jahren der Verfolgung – wir haben manchmal darüber gesprochen – bei Karl Barth Trost geholt hat. Karl Barth, dem großen Theologen, der sich anno 33, im Gegensatz zu anderen kaum minder Berühmten, weigerte, den Nationalsozialisten Reverenz zu erweisen. Er denke nicht daran, aus der Sozialdemokratischen Partei auszutreten, ließ Karl Barth seine Amtsbrüder wissen, er hinge nun einmal, freisinniger Sozialist und radikaler Demokrat, der er sei, an seinem »armen kleinen Mitgliedsbuch« und gedenke sich nicht von einer Partei zu trennen, die in ihrer langen Geschichte *ein* Gut über alle anderen gestellt habe: den Frieden.

*Beati pacifici*, wohl denen, die Frieden *tun*: Das ist auch die Losung von Aufsätzen, Thesenpapieren, Predigten und Proklamationen eines Christenmenschen, der, an der Grenze von Zweifel und Hoffnung, die Position eines in Gott frommen Schwejk bezogen hat: »Ich schwanke hin und her zwischen einer globalen Perspektive und dem Klein-Klein unseres Landes, und dazwischen hängt dieser große leuchtende, aber auch manchmal grau und schütter gewordene Begriff Sozialismus.«

*Walter Jens*

## Grammatik des Teilens

Ich teile mich mit
Du teilst dich aus
Er teilt mir zu
Sie teilt mich ein
Es teilt mich ab
Wir teilen uns auf
Ihr teilt uns vor
Sie teilen uns mit

Ich zerteile meinen Tag
Du verteilst deine Zeit
Er teilt seine Angst mit
Sie teilt ihre Liebe aus
Es teilt mich in Stücke
Wir teilen nur das Überflüssige
Ihr teilt unseren Schmerz
Sie teilen und herrschen

1981

# Mit unseren Waffen schützen wir uns zu Tode

*Erweiterter Diskussionsbeitrag auf der IV. Synode des Bundes der Evangelischen Kirchen in der DDR, Halle, September 1982*

Wehe denen,
die hinabziehen nach Ägypten um Hilfe
und die sich verlassen auf Rosse
und hoffen auf Wagen,
weil ihrer viele sind,
und auf Gespanne,
weil sie sehr stark sind.
*Jesaja 31,1*

## I

*Was wir noch können?*

Noch haben wir einen Mund zum Reden.

Noch haben wir Luft zum Atmen.

Noch haben wir Brot zum Beißen.

Noch stehen wir auf, noch macht unsere Hoffnung Aufstand gegen die Angst.

Unsere Vorstellungskraft über das Ausmaß der regionalen und globalen Bedrohung reicht nicht aus. »Fünfzigfacher Overkill« – »Die Wüste wächst« – »Die Meere kippen um« – »Wie werden wir 10 Milliarden ernähren, wenn bei 4,5 Milliarden Menschen schon zwei Drittel nicht satt werden?« So und anders lauten die Katastrophenmeldungen.

*Wir* haben. Noch.

Beschwichtigende historische Vergleiche mit Weltuntergangsstimmungen früherer Zeiten sind nur sehr begrenzt zutreffend, da Zukunftsprognosen heute nicht aus der Phantasie erwachsen, sondern aus kühler statistischer »Trendbeobachtung«.

Wenn wir uns nicht wehren, solang noch Zeit ist, wehren gegen uns selbst ...

Sicher haben da Beschwichtigungen wie: »So schlimm wird es nicht werden« auch einen guten Sinn. Helfen sie doch zu leben, wo Leben im täglichen Angesicht der Gefahr nur zu lähmender und damit zu folgenloser Angst führen würde.

Aber solche beschwichtigende Verdrängung mobilisiert nicht – weder den entschiedenen Widerstand noch die schöpferische Hoffnung. Sie läßt alles beim alten. Sie läßt die *kleinen Ängste* um das persönliche Fortkommen, die tägliche Zufriedenheit und Ruhe größer sein als die *große Angst.* Die Sorge um die bürgerliche Existenz des einzelnen behält auf diese Weise Priorität gegenüber der Sorge um den vitalen Fortbestand aller.

Aber die Vermittlung der Res privata mit der Res publica wir zur Überlebensbedingung – und dies im globalen Horizont. Der damalige UN-Generalsekretär U Thant hat dies als Dilemma eines »provinziellen Bewußtseins in einer planetarischen Welt« bezeichnet. Dringlich wird die Entwicklung eines planetarischen Bewußtseins (eines neuen Weltgewissens?) hinsichtlich der drei Kardinalfragen unserer Welt-Zeit: *Frieden, Lebensumwelt, Gerechtigkeit.*

Wie wird Frieden unter der ABC-Waffen-Bedrohung? Wie wird die Lebensumwelt erhalten im expandierenden Verschleiß unserer industriellen Zivilisation? Wie wird Gerechtigkeit in der mehrfach geteilten Welt des Hungers?

Die Verflechtung der drei globalen Probleme ist unübersehbar. Alle drei Bereiche erfordern zu ihrer Lösung die Anstrengung der ganzen Völkergemeinschaft. Sie stellen eine moralische, eine politische und eine technische Herausforderung an die Gattung Mensch dar. Und in allen drei Bereichen drängt die Zeit. Von einem »Ritt auf dem Tiger«[1] zu sprechen ist keine poetische Übertreibung. Inzwischen laufen viele irreversible Prozesse ab, die die Lösung in dem Maße schwieriger machen, wie die »Selbstlaufentwicklung« voranschreitet. Aber »Fort-Schritt« ist längst von einem Glitzerwort zu einem tief problematischen Wort geworden. Insofern legt die Sprache es nahe, vom »Herab-Schritt« zu sprechen, wenn:

– die Entwicklung der modernen Zerstörungstechnik den Verhandlungen davonläuft;

– die industrielle Entwicklung mit ihren ökonomischen Zwängen weitergeht, ehe ökologisch eingepaßte Konzepte greifen können;

– die Bevölkerungsexplosion erfolgversprechende Entwicklungskonzepte gegen den Hunger zunichte macht, ehe sie zur Anwendung kommen.

Deprimierend wirkt es, wenn die Weltorganisationen sich im Clinch der Interessengruppen verhaken, je kürzer das Tuch wird. Auch hier provinzielles, partikularistisches Bewußtsein. Auch wenn es einleuchtend ist, daß sich an der Fähigkeit der jetzt lebenden Generation zu »antizipatorischem Lernen« das Schicksal der Population entscheidet, spürt jeder selbstkritische Zeitgenosse an sich selbst, wie schwer es ist, von den großen Zielbegriffen zu den Tätigkeitswörtern, zum eigenen Tun zu kommen.

Wenn sich in dieser Situation der Widerstand der Menschen »von unten« nicht regt, wenn der sprichwörtliche »Mann auf der Straße« sich nicht mit anderen zusammenfindet und laut sagt: Wir wollen leben!, dann wird die Stagnation auf den »oberen Ebenen« anhalten. Der Druck von unten muß so stark werden, daß er auch oben ankommt.

Wo sich einzelne zusammenschließen und zu einer Basisinitiative werden, brauchen sie heute beides: eine Konzentration auf kronkrete Anliegen in der ihnen nächsten Lebensumwelt und eine Erweiterung ihres Verantwortungshorizonts bis zu den Globalproblemen. Gruppeninteresse und weltweite Problemzusammenhänge müssen gleichzeitig im Blick sein. Die Zielvorstellungen von Basisinitiativen müssen moralisch und politisch, visionär und praktikabel, kritisch und konstruktiv sein. Das Bemühen um Gruppen- oder Kulturidentität braucht nicht zum Partikularismus zu werden; es kann vielmehr einem pluralistischen Universalismus zugute kommen, der der Nivellierung aller Tradition widerspräche.

Wenn im Folgenden die Friedensfrage im Mittelpunkt des Interesses steht, dann wäre jeweils zu prüfen, inwieweit manches strukturell für die anderen beiden Problembereiche gilt.

## II

Ich behaupte, daß es gegenwärtig eine moralische Pflicht gibt zu wissen. Und zu wissen, wie es um unsere Welt steht, ist jedem möglich, der sich zu wissen bemüht.

Das etwa dreißig Jahre lang in Europa funktionierende Konzept gleichgewichtiger Abschreckung mit dem zynischen Motto: »Wer als erster schießt, stirbt als zweiter« hat sich bei fortdauerndem Wettrüsten zu einem Niveau aufgeschaukelt, das die Gefahr eines zufälligen Kriegsausbruches mit verheerenden Konsequenzen erhöht, weil die Waffen selber zu einer kaum noch beherrschbaren Gefahr geworden sind. Die Gefahr eines »technischen« Defekts kann den politischen Willen überholen.

Die Erkenntnis beginnt sich durchzusetzen, daß es zukünftig nur noch eine Sicherheit *mit* dem Gegner, nicht mehr *vor* ihm gibt. »Sicherheitspartnerschaft« ist zu einem Schlüsselwort des Überlebens geworden. Politisch muß gelöst werden, was militärisch nur noch in die Sackgasse atomarer Selbstvernichtung führen kann.

Wir werden auf dieser Welthälfte politische Lösungen finden müssen, oder die militärische (End-)Lösung wird uns überraschen.

Einer der Architekten der Entspannungspolitik, Willy Brandt, sprach nach dem spürbaren Wiedereintritt in Formen des kalten Krieges im Januar 1980 (nach Afghanistan) davon, daß es möglich sei, daß wir in einen Krieg »hineinschlittern«, weil die politischen Instrumentarien vor den psychologischen und militärischen Eigengesetzlichkeiten zu versagen drohen.

Das prophetische Urteil Carl Friedrich von Weizsäckers: »Entweder wird dieses Zeitalter den Krieg abschaffen, oder der Krieg wird dieses Zeitalter abschaffen« bezeichnet sehr klar unseren Scheideweg.

Aber wie spiegelt sich das Globalproblem *Frieden* im einzelnen Menschen unserer Gesellschaft wider? Globale Erfordernisse mit eigenem Verhalten in Übereinstimmung zu bringen gelingt so schwer. Die Vermutung drängt sich auf, daß die Schwierigkeit, generelle friedenspolitische Erkenntnisse und Forderungen zum politischen Alltag des einzelnen hin zu vermitteln, sich resignativ niederschlägt. »Der Worte sind genug gewechselt. Nun laßt uns Taten sehen« – dieser Satz bezeichnet eine Grunderfahrung: Nach Information und Reflexion möchte man nicht nur zu Entscheidungen kommen, sondern auch im Sinne dieser Entscheidungen handeln (können). Wenn ein einzelner »um des Friedens willen« einen persönlichen Einsatz wagt, dann möchte er schon erleben können, daß dies sinnvoll ist. Und sinnvoll wird ein Tun häufig erst dann erlebt, wenn ein Erfolg sichtbar wird. Aber Erfolg läßt sich meistens nicht konkret anschauen.

Eine gewisse Entlastung aus dem Resignationssyndrom bietet das Erlebnis von Gemeinsamkeit. Sie hilft, die Unerkennbarkeit eines praktischen Erfolges zu tragen. Die *Friedensbewegung* ist eine solche »frustrationsmindernde« Gemeinschaft geworden. Die nahezu gleichzeitige Sammlung der sogenannten neuen Friedensbewegung von Amerika bis Japan, von Schweden bis Griechenland läßt folgende Wirkungen und Perspektiven erkennen:

1. Die grenzenüberschreitende Friedensbewegung hat die angestaute Überlebensangst in Widerstandsenergie zu verwandeln vermocht. Auf Dauer bestehen wird sie nur, wenn die Angst nicht die entscheidende Triebkraft bleibt und sie sich nicht den politisch realisierbaren Einzelschritten zugunsten hehrer Allgemeinparolen verweigert.

2. Die neue Friedensbewegung hat die vielen bisher verstreut arbeitenden Gruppen sammeln können und sie aus ideologischer Verengung und politischer Resignation befreit.

Überzeugend bleibt sie in dem Maße, wie es ihr gelingt, die Parteinahme für den Frieden nicht zur politischen Vereinnahmung durch *eine* Gruppe werden zu lassen. Einzeldifferenzen um des größeren Zieles willen zurückzustellen kann allerdings nicht heißen, daß diese Differenzen »mit Macht« bereinigt werden.

3. Die neue Friedensbewegung ist durch die Summierung ihrer Einzelkräfte zu einem politischen Faktor geworden. Politisch wirksam bleibt sie nur, wenn sie als Massenbewe-

gung den langen Atem behält und nicht wieder in ihre Einzelgruppen zerfällt.

4. Die neue Friedensbewegung hat Basisinitiativen, Zeichenhandlungen, Friedensspiele im Erlebnis gemeinschaftlichen Handelns mit Blick auf die Globalziele vermitteln können. Ihre handlungsmotivierende Kraft behält sie nur, wenn sie sich innerhalb ihrer politischen Systeme den Spiel-Raum erhalten kann, in dem die Kreativität für Friedensaktionen wächst.

Der utopische Überschuß war und ist Bedingung dafür, daß der Ernst des Kampfes um den Frieden nicht den Geschmack am Frieden verdirbt. Schon der Kampf um den Frieden muß Züge des Friedens selbst tragen. Und dazu gehört auch der Humor mitten in humorlosen Gesellschaften.

Auch wenn gewisse offizielle Sprachregelungen es nahegelegt haben, von Friedensinitiativen statt von Friedensbewegung zu sprechen, ordnen sich die staatsunabhängigen (deswegen aber nicht staatsfeindlichen) Friedensinitiativen in der DDR in den obengenannten Kontext ein. Sie sind befruchtet und bestärkt worden durch die Entspannungspolitik der siebziger Jahre, besonders auch die KSZE-Schlußakte mit allen drei »Körben«, durch die langjährige Friedensarbeit kirchlicher Gruppen und Gremien, durch die ökumenische Friedensarbeit und die breitgefächerte Friedensbewegung im Westen.

Die Verhältnisse in der DDR prägen diese Friedensinitiativen:

1. Auf dem Hintergrund einer schwach entwickelten Friedenstradition des deutschen Protestantismus setzte sich die Erkenntnis an der historischen Mitschuld der gegenwärtigen Lage in Europa durch und führte zu friedensethischen Einsichten, die in Kongruenz, kritischer Partnerschaft oder Distanz zur Staatspolitik der DDR stehen.

2. Die geopolitischen Voraussetzungen und Bündnisverpflichtungen schränken den Spielraum in besonderer Weise ein.

3. Schwer auflösbare Spannungen prägen das Verhältnis

kritischer Bürger zum real existierenden sozialistischen Staat DDR. Es sind die Spannung zwischen der Friedens- und Entspannungspolitik nach außen und der bedrückend erlebten »Sicherung« der Friedensmacht nach innen, die Spannung zwischen dem ständig proklamierten Vertrauensverhältnis zwischen Bürgern und Staat und der institutionalisierten Dauerkontrolle der Bürger und die Spannung zwischen erwünschter schöpferischer Mitgestaltung an der neuen Gesellschaft und der – bisweilen peinlich spürbaren – zentralistischen Reglementierung von Initiativen.

Daß es hauptsächlich Jugendliche waren und sind, die sich mit ihrer Meinung auch in der Öffentlichkeit zeigen, scheint damit zusammenzuhängen, daß sie alles und nichts zu verlieren haben. Sie haben *alles* zu verlieren, weil sie ihr Leben noch vor sich haben. Bertolt Brechts Gedicht »An meine Landsleute« von 1950 bekommt eine bedrängende Aktualität:

> Ihr Kinder, daß sie euch mit Krieg verschonen
> Müßt ihr um Einsicht eure Eltern bitten.
> Sagt laut, ihr wollt nicht in Ruinen wohnen
> Und nicht das leiden, was sie selber litten:
> Ihr Kinder, daß sie euch mit Krieg verschonen!

Nun sind es aber ausgerechnet die Eltern, die ihre Kinder abhalten wollen, ihre (berufliche) Existenz um des Friedens willen aufs Spiel zu setzen. Eltern versuchen, ihre Kinder dazu anzuhalten, was ihr eigenes Leben ausmacht: die kleine Stabilisierung im privaten Raum.

Die Jugendlichen – und es sind zahlenmäßig nicht viele – aber haben *nichts* zu verlieren, weil sie noch nichts haben, woran sich ihr Herz hängen könnte. Und was ihre Eltern sich erarbeitet haben, was sie sich und ihnen erhalten wollen, ist für diese Jugendlichen nicht mehr ein höchster Wert.

Angesichts der Weltlage ergibt sich bei vielen ein Gemisch aus Übersättigung und Angst, das sich in sehr unterschiedlicher Weise entladen kann. Den »idealistischen« Jugendlichen wird von den »erfahrenen« Eltern der mangelnde Blick für das Mögliche zum Vorwurf gemacht. Dies geschieht häufig in der Weise, daß nun auch das Gespräch über das Nötige unterbleibt.

Die große Mehrheit der Angepaßten, der Verweigerer und Aussteiger, der Indifferenten und Gelangweilten bleibt hier ganz außer Betracht. Der männliche Teil geht zumeist einfach zur »Asche« und verdient sich seinen Ausbildungsplatz, indem er dient.

Die beiden zusammengehörigen Ebenen für die Herausbildung eines Abrüstungsbewußtseins und eines entschiedenen Umdenkens treten nun – nach Generationen getrennt – auseinander. Zum einen ist es die *Ebene öffentlicher Meinungsbildung* durch friedenspolitische Differenzierung (vertreten durch die Erwachsenengeneration, sofern sie sich am Gespräch beteiligt und nicht Zuschauer der Ereignisse am Fernseher bleibt), zum anderen ist es die *Ebene öffentlicher Demonstration* durch friedenspraktische Initiativen (vertreten durch die Jugendlichen, sofern das Anpassungstraining einer uniformen Gesellschaft und das Gemisch aus materiellen Anreizen und Angst sie nicht »überzeugt« oder stumpf gemacht hat).

Wenn gesagt wird, man müsse nun vom demonstrativen zum argumentativen Friedenszeugnis kommen, dann besteht die Gefahr, daß die beiden Ebenen gegeneinander ausgespielt werden. Dies wiederum führt zu gegenseitigen Verdächtigungen, trennt die Generationen und ist einem wirksamen Friedenszeugnis abträglich.

Die differenzierte Meinungsbildung durch Hearings, Deklarationen, Synodenbeschlüsse, Briefe etc. bewegt sich vornehmlich auf einer oberen *Ebene der Institutionen und Experten.* Sie geht in politische Entscheidungsprozesse vermittelt ein, bleibt aber häufig Papier, das sich fortpflanzt im gegenseitigen Zitieren. Es hat gar den Anschein, als salvierten kritische Zeitgenossen ihr Gewissen dadurch, daß sie den politischen Entscheidungsträgern ihre Einsichten ins Stammbuch schreiben: akklamierend oder protestierend. Aber das eigene friedenspolitische Verhalten wird dadurch noch nicht notwendig mitbetroffen. Eine verbale Unterstützung der Friedenspolitik unseres Staates kann dann seine Entsprechung in

Appellen an die eigene Friedensfähigkeit im Nachbarschaftsbereich finden, auf den inneren zerstrittenen Zustand der Kirche verweisen etc. Das hat einen guten »christlichen« Sinn. Nur, wo ist das Zwischenglied von »ganz politisch« und »ganz privat«? Fehlt hier nicht die persönliche Bewährung durch entschiedene Intervention in das System militärischer Friedenssicherung nach außen und innen? Der Zuspruch Jesu gilt der kleinen und der großen Welt, wenn er sagt: »Ihr seid das Licht der Welt! Ihr seid das Salz der Erde!«

Hier setzt die Ebene *zeichenhaften Handelns* ein, die sich auch in persönlichen Opfern bewährt. Die besonnenen Erwachsenen nehmen hier häufig die Position der Warner ein. Friedenspolitische Aktivitäten von einzelnen und Gruppen werden außerdem durch entmutigende Erfahrungssätze der Experten im Keim erstickt. Kirchenleitende Persönlichkeiten beginnen immer schon mit dem dritten Ohr zu hören: Was wird dazu der staatliche Gesprächspartner sagen, wie wird das die Westpresse aufgreifen, was wird das wieder für Rückwirkungen haben . . .?

So hat »die Macht des Volkes« als »die Macht über das Volk« längst ein internationalisiertes Instrumentarium gängiger Befürchtungen gefunden und braucht dann nur noch Exempel zu statuieren, die den »Siehste-Effekt« überlegenen Vorauswissens hervorrufen. Es ist indes kaum übersehbar, daß es nicht die ausgewogenen, scharfsinnig reflektierenden und formulierten Papiere von Nyborg bis Moskau und Amsterdam waren, die dem Friedensthema zu einem breiten öffentlichen Interesse verhalfen, sondern das verschiedenartige, ungewöhnliche zeichensetzende Tun von Personengruppen, die sich mit ihrem Anliegen an die Öffentlichkeit ihrer Länder wandten und Aufmerksamkeit fanden. Dieses Tun bedurfte dann allerdings einer argumentativen Vertiefung, zumal Menschen mit sehr unterschiedlichen Voraussetzungen zusammenkamen.

Interesse fanden die demonstrativen Interventionen gegen die zunehmende »militärische Friedenssicherung« in unserem Lande (und das nicht erst seit Afghanistan und Reagan!) erst durch wachsende Konfliktbereitschaft. Hier ist zu erinnern an die Eingaben junger Eltern gegen die Einführung des Wehrunterrichts, bevor die Bürger überhaupt öffentlich davon unterrichtet wurden, an die Spielzeugumtauschaktionen, die »Friedensminute« zum Bußtag 1980, die Initiative »Sozialer Friedensdienst«, die Friedensdekade 1981 mit den Auseinandersetzungen um die Friedensprozessionen, an die Aufnäher und die Plakatdiskussionen bei den Friedensdemonstrationen zu Pfingsten 1982.

Das alles ist nicht denkbar ohne den Gesamtrahmen: die Empörung über den geplanten Bau der Neutronenbombe, die Diskussion über den Nato-Doppelbeschluß, die Unterschriftenaktion im Herbst 1979, die Demonstration am 10. Oktober 1981 in Bonn, die Ostermarschbewegung, die Gespräche zwischen dem Bund Evangelischer Kirchen und dem NCC, die Besorgnisse über den amerikanischen Hochrüstungskurs, den Streit um Zahl und Wirkung der fortlaufend installierten SS-20-Raketen bis in das Frühjahr 1982.

Seit Herbst 1979 hat sich eine Erkenntnis herausgebildet, daß nämlich jeder für seinen politischen Bereich reden und handeln muß, daß das Reden nur über die anderen unglaubwürdig wird und eher dem Weltfrieden schadet, weil es den Vorwurf der Einäugigkeit bestärkt.

Als ausgesprochen belastend wurde es deshalb von vielen empfunden, daß die Unterschriftenaktion im Herbst 1979 sich gegen die Installation von amerikanischen Mittelstrekkenraketen in Westeuropa richtete und die Installation der SS-20-Raketen überhaupt nicht erwähnt wurde (erst seit dem Frühjahr 1982 hat sich dies »offiziell« verändert).

Die drei berühmten Fragen Kants bekommen auf dem Hintergrund der gegenwärtigen Friedensdiskussion einen besonderen Akzent: Was kann ich wissen? Was muß ich tun? Was darf ich hoffen? Eigentlich wäre es zutreffender, die Hilfsverben auszutauschen: Was muß ich wissen? Was kann ich tun?

Ohne den Hoffnungsüberschuß käme heutiges Friedenswirken nicht aus, weil das Wissen eher lähmende Angst erzeugt als zielgerichtetes Handeln freisetzt.

III

Für das Verhältnis zwischen Staat und Gesellschaft in der DDR ist der Umgang mit der Initiative »Sozialer Friedensdienst« wie auch der Umgang mit den Bürgern, die das Zeichen »Schwerter zu Pflugscharen« als Aufnäher in der Öffentlichkeit tragen, von weitreichender Bedeutung. Welche Wirkung haben die gestufte Einschüchterung, die Kriminalisierung bei zunächst unklarer Rechtslage, die eilige Verabschiedung neuer Gesetze und Verordnungen, die Unterstellung verdeckter staatsfeindlicher Motive und schließlich die zu Teilen peinlich wirkenden groß aufgezogenen Alternativaktionen, Alternativzeichen und Alternativdemonstrationen? Wie wird sich das innere Verhältnis besonders jüngerer, wacher und einsatzbereiter Bürger zu ihrem Staat fernerhin gestalten? Werden sie sich »des Hundebisses am Leuschnerplatz« stets erinnern? Was empfinden diese jungen Menschen, wenn sie von vertrauensvollen Gesprächen zwischen Kirchen- und Staatsvertretern lesen und sich dabei erinnern, wie mit ihnen »gesprochen« wurde und wird? Wie begegnen wir als Christen einer latenten Ausreisementalität?

Die »Friedensbewegung von oben«, ihre großformatigen Losungen und ihre adaptierten Symbole erschienen in »gereimter« Anlehnung an die ungereimten Worte und Symbole einer Minderheit, deren Impulse – möglichst ohne größeres Aufsehen – aus der Öffentlichkeit verschwinden mußten. Sicherlich haben die westlichen Medien durch ihre Berichterstattung die staatlichen Überreaktionen mitverursacht. Aber sind diese Medien deshalb für die staatlichen Maßnahmen verantwortlich zu machen?

Auch der »Berliner Appell«, der unter der Überschrift »Frieden schaffen ohne Waffen« (Havemann, Eppelmann u. a.) stand, die Begleitumstände bei seiner Verbreitung wie auch die Verquickung von Friedensfragen mit bestimmten deutschlandpolitischen Vorstellungen mögen die staatlichen Entscheidungen mitbestimmt haben.

Inzwischen wurde die »einheitliche Friedensbewegung der DDR« für viele Christen zu einer verordneten, nicht zu einer gewachsenen Einheit. Wenn die Zeitungen immer wieder von dieser Einheit schreiben, wird das durch Wiederholung nicht wahrer, solange die Differenzen unfriedlich ausgeräumt und verschwiegen werden. Dies ist besonders bedauerlich, weil es zwischen der erklärten Staatspolitik der DDR und der Überzeugung von Christen viele vitale Gemeinsamkeiten und Berührungspunkte gibt.

Freiwilligkeit, persönliches Engagement, angstfreie Offenheit und unzensierte Kreativität sind Bedingungen einer nach außen und innen überzeugenden Friedensbewegung. Zusammenarbeit ist unterschiedlichen Partnern nur möglich auf der Grundlage gegenseitigen Respekts; sie kann nicht Entmündigung des einen Partners durch den anderen einschließen, wenn ein Partner alternative Ideen auf dem schwierigen Weg zum großen gemeinsamen Ziel vorlegt.

Daß »Schwerter zu Pflugscharen« werden, kann als verbindendes Ziel christlicher und sozialistischer Friedensbemühungen gelten. Über den *Weg* zu diesem Ziel sagt das Wort selbst noch gar nichts aus. Insofern eröffnet und erfordert es das Sachgespräch. »Schwerter zu Pflugscharen« hätte sich gut als Überschrift für eine gemeinsame Friedensbewegung in der DDR geeignet.

Es wurde zwar auf kirchenleitender Ebene geredet, aber das Sachgespräch wurde den Trägern des Symbols von staatlicher Seite verweigert. In einzelnen Fällen kam es zu vorbereiteten Besuchen von FDJ-Kadern bei kirchlichen Friedensveranstaltungen. Dies hatte nach meiner Erfahrung mehr einen einschüchternden Effekt. Neben polizeilichen Maßnahmen gab es als öffentliche staatliche Reaktion nur eine indirekte, aber unüberhörbare Anspielung. Sie hatte die Funktion einer abschließenden ideologischen Klarstellung und wurde dann Richtschnur der Argumentation. Daß diese Klarstellung ausgerechnet in der Rede des Verteidigungsministers, Armeegeneral Heinz Hoffmann, zum neuen Wehrdienstgesetz geschah (»Wir brauchen Schwerter *und* Pflugscharen!«) machte schlaglichtartig die Grenzen einer christlichen Friedensbewegung klar, die aus pazifistischen Gedanken ein pazifistisches Handeln zu praktizieren versuchte.

Warum konnte nach dieser »Klarstellung« von seiten der NVA nun nicht geredet werden über die Schritte zum gemeinsamen Ziel »Frieden« – kurz: über die Verwandlung des »und« zum »zu«?

Das Bildwort des Propheten Micha (Kapitel 4) – zusammen mit der Nachbildung des UNO-Denkmals der UdSSR – war als Aufnäher ein Erkennungszeichen der zaghaft sich entwickelnden eigenen Friedensbewegung in der DDR geworden. Daß damit nur eine Minderheit erreicht wurde, hat sich der Staat durch vielfältige »Massendemonstrationen« selbst bewiesen.

Indes hatte der Aufnäher besonders für Jugendliche aus mehreren Gründen eine Anziehungskraft:

– der metaphorische Charakter hebt sich wohltuend von den verbrauchten politischen Begriffen ab;

– das Bildwort erfordert nicht ein vorausgehendes religiöses Bekenntnis und kann so auch von Nichtchristen getragen werden;

– durch das Bibelwort ist das bekannte Denkmal, das im Jugendweihebuch abgedruckt worden ist, in einen neuen Kontext gestellt und hat für die Träger auf diese Weise einen pfiffigen Akzent;

– daß der Aufnäher aus bloßer Opposition getragen wurde, kann nur daher rühren, daß das Verbotene gerade scharfmacht;

– der Aufnäher verpflichtet zunächst zu nichts, bringt aber wegen seiner angreifbaren Offenheit und wegen seines utopischen Gehalts ins Gespräch.

Damit nicht über einen Aufnäherstreit die gemeinsamen politischen Bemühungen und moralischen Anstrengungen um den Frieden in Frage gestellt würden und damit nicht andere substantielle Wünsche und Erwartungen von Christen für ihr Friedenszeugnis unbesprochen blieben, hatte die Konferenz der Kirchenleitungen mit nachträglicher Zustimmung der Synode des Bundes entschieden, eine Druckgenehmigung für einen Aufnäher nunmehr nicht zu beantragen, aber das Zeichen selbst für die Friedensdekade 1982 beizubehalten. Daß die staatlichen Organe daraufhin Druckgenehmigung erteilten, kann als gutes Zeichen für Kompromißfähigkeit auf beiden Seiten gewertet werden.

Wenn bei der Erwähnung des Aufnähers in der Vergangenheitsform gesprochen wird, muß dies auf diejenigen, die dieses Bibelwort weiterhin als ein Wort-an-sich-selbst in der Öffentlichkeit tragen, wie eine Distanzierung der Kirche wirken. Wer aber dieses Zeichen öffentlich trägt, verdeutlicht damit praktisch, daß sein Inhalt nicht für den »innerkirchlichen Gebrauch« bestimmt sein kann.

Um des Friedens willen, aber nicht aus Überzeugung ist das Signum öffentlich zurückgenommen, in die kirchlichen Räume zurückgeholt worden. Ist dies als ein Zeichen für Resignation zu bewerten? Wenn es richtig ist, daß unser »öffentliches Zeugnis für den Frieden auf der Tagesordnung bleibt«[2], dann darf die Frage nicht offenbleiben, *wie* das geschehen kann.

Das Zeichen hatte ja die christlichen Friedenszeugen, die Gewaltlosen unter seinen Verfechtern aus der Anonymität und Vereinzelung herausgehoben. Die Träger gaben einander zu erkennen, sie kamen ins Gespräch, zumal dies Prophetenwort offen ist und öffnet. Der *unbewaffnete Friede* bedarf heute der Demonstration und Präsentation, bedarf der öffentlich gemachten Überzeugung, die sich nicht in der Negation erschöpft, wie manche Losungen dies tun (Fürchtet euch . . ., Weg mit dem . . ., Europa darf kein . . .).

Dies gilt besonders in einer Welt, in der der *bewaffnete Friede* jedermann hörbare und sichtbare Demonstrationen zu Wasser, zu Lande und in der Luft findet.

Die ungewöhnliche Bedrohung fordert uns alle zu einem ungewöhnlichen Tun heraus. Und das ungewöhnliche Tun kann nicht Sache der Jugendlichen bleiben, weil es – so banal das klingt – nicht nur um das Leben der Jugendlichen geht.

## IV

Wenn ich lese, an welch dünnem Faden unser aller Überleben hängt, überfällt mich eine lähmende Angst.

Ich gehe zum Radio und schalte mir eine schöne Musik ein, ich erfreue mich an einer Blume oder lasse es mir schmecken – und tue dies in dem Bewußtsein, daß das alles sehr plötzlich ein Ende haben kann, nicht bloß für mich, auch für meine Kinder und Kindeskinder. Schon heute scheue ich die Frage der Kinder, warum wir nichts getan haben.

Wenn wir durch die Wälder in der Umgebung unserer Stadt fahren, treffen wir überall auf die Spuren und Verbotsschilder der bewaffneten Friedensschützer.

Die dröhnenden Verfolgungsspiele der Hubschrauber zerreißen den Himmel über dem friedlichen Urlauberstrand. Kleine Kinder kriechen unter die Decken, wenn die modernsten MiGs über dem Neubaublock zum Landeanflug ansetzen, und das in einer Stadt, die ohnehin durch ihre Lage zwischen zwei großen Chemie-Kombinaten schwer belastet ist.

Zivilschutzübungen simulieren in einer Kleinstadt einen Atomkrieg – gespenstisch in ihrer Form, lächerlich die verordneten Schutzmaßnahmen, wenn es wirklich »ernst« würde.

In einem dörflichen Kindergarten üben die Kleinsten schon, wie sie sich bei einem atomaren Angriff verhalten sollen: Sie gehen in den verdunkelten Keller, sind dort ganz leise und werden dann gefragt, ob sie Angst haben. Die Angstträume der darauffolgenden Nacht und ihre womöglich weiterreichenden psychologischen Folgen stehen in keinem Verhältnis zum Schutzwert solcher Übungen.

Im Lehrbuch »Zivilverteidigung 9« aus dem Jahre 1978 steht unter der Überschrift »Schutzmaßnahmen vor den Wirkungsfaktoren der Kernwaffen« folgendes: »Durch das komplexe Wirken von Druckwelle, Lichtstrahlung, Sofortkernstrahlung und Restkernstrahlung ergibt sich die Notwendigkeit, solche Schutzmaßnahmen vorzubereiten, die den Schutz gegen alle Wirkungsfaktoren einschließt.

Den wirkungsvollsten Schutz bietet in jedem Falle der entsprechend vorbereitete Schutzraum. Ist das Erreichen des Schutzraumes oder der Aufenthalt in ihm aus irgendeinem Grund nicht möglich, so können andere Schutzmaßnahmen ergriffen werden, die jedoch nicht so wirkungsvoll sind.«

Hier wird suggeriert, daß es einen wirkungsvollen Schutz gäbe. Von den vielen Expertenmeinungen sei dem der Bericht der Medizinischen Arbeitsgruppe bei der 30. Pugwash-Konferenz vom August 1980 gegenübergestellt. Es heißt dort mit bestürzender Klarheit: »Mit einem Wort: es gibt *keinen* Schutz gegen die todbringenden Wirkungen der nuklearen Waffen, und es gibt auch keine wirksame Behandlung für jene, die zu Anfang einen nuklearen Angriff überlebt haben.«

Welcher militärische Schutz ist nun in einer Situation möglich, in der nach Ansicht der »Experten« ein Krieg in Europa zwangsläufig zu einem nuklearen Krieg eskalieren würde? In diesem Zusammenhang ist es mir schwer begreiflich, wie im Jahre 1982 »die Bereitschaft zum bewaffneten Schutz des sozialistischen Vaterlandes eine besonders konsequente Form des Dienstes am Frieden«[3] genannt werden kann.

So wissen dann Jugendliche schon seit der 3. Klasse, daß

sie Offiziere der NVA werden wollen. Ein Jugendlicher sagte einem Reporter der »Freiheit«: »Berufsoffizier zu werden, dieser Gedanke beherrscht mich wohl schon seit langem.«

Schon 1978 hieß es von der Oberschule »Bertolt Brecht« in Halle, daß fast jeder vierte Abiturient gewillt sei, »mit allen sich daraus ergebenden Konsequenzen das Waffenhandwerk als Beruf zu erlernen«. Diese Schüler meinten, daß sie »einen der wichtigsten Berufe in unserem Land gewählt« hätten. Interesse für Schießsport, Elektronik und Seefahrt unterstützen offenbar »Vaterlandsliebe und patriotische Haltung«.[4]

Dies Ausnützen der Interessen von Jugendlichen an modernster Technik und das Bedürfnis nach dem Ausleben tiefsitzender Macht- und Allmachtsphantasien kommen dem Berufswunsch »Waffenhandwerk« zugute.

Im Lehrbuch »Die marxistisch-leninistische Ästhetik und die Erziehung der Soldaten« wird gar das Militärische ins Ästhetische überhöht. Eine Differenzierung zwischen der Situation des Großen Vaterländischen Krieges 1941–45 und der heutigen weltpolitischen Situation findet hier nicht statt, so daß es so erscheinen kann, als ob der Krieg heroisiert wird. Sind wir nicht aber seit dem Abwurf der Atombombe auf Hiroshima – zumindest in Europa – tatsächlich in ein neues Zeitalter eingetreten, in dem der Krieg in jedem Falle als ungerecht und häßlich gewertet werden muß? Es gibt keinen Wert, für den der Frieden geopfert werden könnte! Es bleibt von daher unbegreiflich, wie es in diesem Lehrbuch aus dem Jahre 1979 heißen kann: »Die Kriegskunst ist ebenso eine Kunst wie Malerei, Architektur oder Pädagogik« und: »Die Taktik ist für den Kommandeur nicht weniger begeisternd als die Kunst für den Künstler« oder: »Künstler und Kommandeur ist ein konkret-sinnliches, bildhaftes Denken eigen«.

Weiter lesen wir in diesem Buch: »Um eines hohen Zieles willen ist auch der Heldentod schön.« Und es »entfaltet sich jene kraftvolle emotionale Erregung und Anspannung, die man gewöhnlich als ›Gefechtsrausch‹ bezeichnet«.

Müßte ein solches Lehrbuch nicht zurückgezogen, solch ein Geist nicht aus der Ausbildung von Soldaten verbannt werden?

Daß Sozialismus Frieden will, braucht und schafft, wird immer wieder durch die bittere Erfahrung gebrochen, daß »es keinen Bereich unseres gesellschaftlichen Lebens gibt, der nicht von den Belangen der Landesverteidigung durchdrungen ist«.[5] Diese »Durchdringung« wird immer spürbarer, bis ins Ökonomische und Ökologische. Das Verschrotten der Waffen wird auf ein »Dereinst« verschoben, und laut Wehrdienstgesetz vom März 1982 ist die »Vorbereitung der Wehrpflichtigen auf den Wehrdienst ... Bestandteil der Bildung und Erziehung an den Schulen und Hochschulen ... Das Wehrdienstgesetz enthält weiter die Aufgaben zur Landesverteidigung, die den staatlichen Organen, Kombinaten, wirtschaftsleitenden Organen, Betrieben, Einrichtungen, Genossenschaften, gesellschaftlichen Organisationen und Vereinigungen gestellt sind.«[6]

Sollte es wirklich keinen Bereich mehr geben, der nicht von den Belangen der Landesverteidigung durchdrungen ist? Sind wir von außen dazu gezwungen, unser Land und unsere Gesellschaft so zu schützen, daß der ihnen wesenseigene Friedenswille kaum noch erkennbar wird? Schützen wir gar unsere Welt und auch unser Land so zugrunde, daß man – – bildlich gesprochen – sagen kann: Die Bomben fallen schon jetzt?

Was verbirgt sich hinter der inoffiziellen Redensart vieler Wehrpflichtigen: »Ich bin bei der Asche«? Inwieweit geht es bei der »Bereitschaft zum bewaffneten Schutz des sozialistischen Vaterlandes« um das hohe Ziel des Friedens und inwieweit um die kühl berechnende Inanspruchnahme gesellschaftlicher Vorteile? Wird, aus der Perspektive der Soldaten, vorrangig ein hoher Wert verteidigt oder ein Privileg errungen? Ja, geht der Weg zu einer zivilen Karriere auf diese Weise nach bekannten historischen Mustern (und diesmal unter ganz anderem Vorzeichen) wieder über das Militär?

Und wer sich weigert, am militärischen Schutz des Landes

teilzunehmen, kann solange unter den Verdacht kommen, er wolle sich nur vor den Unannehmlichkeiten des Militärdienstes »drücken«, als es eine klare Alternative in Gestalt eines sozialen Friedensdienstes nicht gibt. Wie ernst ist in diesem Zusammenhang folgende Aussage des Politbüromitgliedes Kurt Hager zu nehmen: In der Friedensbewegung der DDR »vereinen sich Marxisten, Christen und Pazifisten. Dieses Bündnis hat bekanntlich tiefe Wurzeln . . .«

Bekanntlich haben aber Kirchen und Christen in der Vergangenheit mehrheitlich das Militär toleriert, Pazifisten isoliert, Krieg sanktioniert. Um so mehr sind Christen heute herausgefordert, entschiedene Friedensstifter *an allen Fronten* zu sein – mit den Mitteln des Friedens, weil heute nahezu zwingend gesagt werden kann: Es gibt keine Wege zum Frieden, wenn nicht die Wege selber *Frieden* heißen.

## V

Die Voraussetzung für einen wirksamen Schutz unseres Landes im Zeitalter der Massenvernichtungswaffen sehe ich darin, daß eine breite Öffentlichkeit dies Land und seine Staatsform für einen so hohen und verteidigungswürdigen Wert hält, daß sie es freiwillig – mit hohem Ethos und aus tiefer Überzeugung – verteidigen *will.* Diese Verteidigung würde erhalten, was sie schützen will, wenn sie dem Gegner nicht zuerst militärisch begegnet, sondern im Wettkampf der Systeme die größere Anziehungskraft bekommt. *Soziale* Verteidigung tritt flankierend, dann alternierend zur *militärischen* Verteidigung. Ein erster Schritt wäre es, wenn diese Verteidigungskonzeption glaubwürdig machen kann, daß sie keine Angriffskapazität besitzt und besitzen will. Der rein defensive Charakter muß dem Gegner erkennbar sein. Soziale Verteidigung würde zunächst bedeuten, daß wir unseren Auftrag in dem Prophetenwort »Suchet der Stadt Bestes« so wiedererkennen, daß wir unsere Gesellschaft aktiv mitgestalten, daß wir an einer Gemeinschaft mitwirken, die anziehend ist, zuallererst für ihre eigenen Bürger, die freiwillig und bewußt hier bleiben, leben und wirken wollen.

»Das Verbot, ein Land zu verlassen, ist das Verbot, freiwillig in diesem Land zu leben«, sagt der Schriftsteller Gabriel Laub. Wer weiß, was er zu verlieren hat, weiß auch, wie er es verteidigen kann. Wenn wir ehrlichen Herzens sagen können, »wo kann man humorvoller, fröhlicher und glücklicher sein als in unserem sozialistischen Lande«[7], dann würde die »Überlegenheit des Sozialismus auf allen entscheidenden Gebieten des Lebens umfassender«[8] zur Geltung kommen.

Einen aktuellen und langfristigen Beitrag zum Frieden sehe ich also darin, daß wir so (mit-)wirken, daß alle Menschen gern in diesem Lande leben, auch die Schwierigkeiten gern mittragen, weil sie die ökonomischen, sozialen, politischen und kulturellen Institutionen als Entfaltungsräume erfahren, in denen es auf jeden ankommt – ohne daß er sich eingeklemmt fühlt in ideologische Vorgaben.

Der Sozialismus ist so stark, wie er seine Stärke nicht auf der Macht seiner Institutionen, sondern auf der Überzeugung seiner Bürger aufbaut. Innere Sicherheit ist in dem Maße gewährleistet, wie statt Kontrolle das Vertrauen zu einem gesellschaftlichen Prinzip wird. Eine sozialistische Gesellschaft auf der Überzeugung der Bürger aufzubauen (statt auf einer »historischen Mission«) heißt konkret:

– Der Anspruch auf Wahrheit ist verbunden mit dem Recht, zu sagen, was wirklich ist. Denn keiner ist im alleinigen Besitz der Wahrheit. Der Zweifel wird nicht als subversiv und die Wahrhaftigkeit nicht als subjektivistisch denunziert.

– Das Ziel der immer besseren Befriedigung der materiellen und kulturellen Bedürfnisse ist verbunden mit einer Diskussion über diese »Bedürfnisse« und der öffentlich gemachten Einsicht in die objektiven Grenzen ihrer Steigerung.

– Die Vergesellschaftung der Produktionsmittel ist verbunden mit der erweiterten Mitsprache- und Entscheidungsbefugnis der neuen Besitzer.

– Die Ablösung der Macht der herrschenden Klasse ist verbunden mit der freien Entfaltung sich frei fühlender Individuen.

*Eine solche Gesellschaft* wird eine friedliche (wenn auch nicht konfliktfreie) Gesellschaft nach innen und außen sein, wenn es ihr nur gelingt, Wahrheit und Toleranz, Freiheit und Verantwortung, Gerechtigkeit und Vielfalt zum Ausgleich zu bringen.

*Noch* kann sie der auf Gewaltmitteln aufbauenden Sicherung nach außen und innen nicht entbehren, aber auf Dauer wird sie nur »immer schöner und anziehender« werden und »alle Kraft und allen Gedankenreichtum«[9] der Bürger einsetzen können, wenn

– die Internalisierung ihrer Werte und Ziele nicht auf Indoktrination beruht;

– statt des Ausbaus der Sicherheitsapparate das Vertrauen der Bürger die Sicherheit des Staates konstituiert;

– die ideologische Diversion von außen bei den Bürgern nicht verfängt, weil der Zugang zu umfassender, sachgerechter Information für alle gewährleistet ist (versuchte Desorientierung zerplatzt an den allen zugänglichen, überprüfbaren Fakten);

– der potentielle Aggressor mit dem langfristig wirksamen, opferbereiten zivilen Widerstand des ganzen Volkes rechnen kann, das ja weiß, was es verliert, wenn es den nicht gewollten Krieg »verloren« hat. Durch solchen Widerstand verlöre schließlich der Gewinner – und die Welt stünde noch, in der wir leben wollen, weil wir sie nicht militärisch verteidigt haben. So wäre unser Land dann schmackhaft für seine Bürger und unverdaulich für seine Gegner;

– die Menschen in dieser Gesellschaft nicht uniformiert werden, sondern sich als gesellschaftliche Wesen individualisieren.

Militärische Verteidigung zehrt inzwischen das auf, was verteidigt werden soll. Einen Friedensbeitrag zu leisten kann für jeden Christen (und jeden Mitbürger) heute heißen, den Staat DDR im Herzen Europas so zu stärken, daß er seine Anziehungskraft zunächst für seine Bürger stärkt – ökonomisch und ökologisch, politisch und geistig, materiell und kulturell, wissenschaftlich und sozial. Der bloß quantitative

Wettstreit mit dem Gegner würde dabei sekundär werden können. »Der dauerhafteste Schutz eines Staates ist die Zufriedenheit seiner Bewohner«, sagte Günter de Bruyn auf dem Berliner Schriftstellertreffen im Dezember 1981.

*Zivil-Verteidigung* im Sinne einer zivilen Verteidigung, im Sinne einer inneren Stärkung der Zivil-Courage möglichst vieler Bürger, die sich ganz in den Dienst der gemeinschaftlich errungenen gesellschaftlichen Werte zu stellen bereit sind, ist *Verteidigung des Friedens ohne Waffen im Atomzeitalter!*

Wo der Mensch dem Menschen ein Helfer geworden ist, hat die alte Wolfsgesellschaft keine Chance – und wenn sie noch so mächtig gerüstet wäre. Wo aber der Mensch dem Menschen ein Kontrolleur wird, tritt Angst an die Stelle der Verantwortung – und der Traum von der neuen Gesellschaft würde zum Alptraum. Ich möchte den Traum von einer *Kirche im Sozialismus* nicht aufgeben, weil ich die Werte nicht aufgeben möchte, die in den Worten *Kirche* und *Sozialismus* stecken. An der Verkörperung der Ideale mitzuwirken, kann für mich nur in kritischer Solidarität und solidarischer Kritik geschehen – mit den bescheidenen, manchmal sehr bescheidenen Mitteln überkommener Institutionen. Freiheit als Einsicht in bedrängende Notwendigkeiten kann allerdings nur als »Einsicht in Freiheit« errungen werden.

# Dein Feind braucht Frieden

*Rede in der Moritzkirche Halle*
*zum Abschluß der »Friedensbrücke«,*
*6. November 1983*

Wer ist der Feind?

Der Erbfeind, der Erzfeind, der Todfeind, der Parteifeind, der Kirchenfeind, der Volksfeind, der Friedensfeind, der Staatsfeind, der Hauptfeind?

Wer ist der Feind?

Wo ist der Feind?

Ist er mir feind?

Bin ich ihm feind?

Warum ist er mein Feind? Warum wird er mir nicht Freund?

Brauche ich den Feind?

Braucht er mich? Wozu?

Komme ich ohne Feind aus?

Was wären wir ohne unsere Feinde?! Wohl dem, der keinen Feind braucht.

Einige tausend Menschen sind in diesem Raum versammelt. Wie viele Feinde sind jetzt hier? Keine?

Es sind also immer »die da draußen«, »die da drüben«, immer »die anderen«.

Wo stehen sie?

Stehen sie rechts, stehen sie links? Sind es die in der Mitte?

Wenn es sie nicht gäbe, müßten wir sie erfinden. Feinde werden sich schon finden lassen. Wem es nicht gelingt, aus Feinden Freunde zu machen, dem werden aus den Freunden bald Feinde entstehen.

Feinde –?

Menschen, die denken, wir seien ihnen feind und von denen wir dann denken, sie seien uns feind. Dabei suchen sie doch nur Sicherheit.

Für wen?

Nicht gegen uns. Für sich. Vielleicht auch für uns. In einem höheren Interesse. Für die größere Sache.

Können wir das glauben?

Warum nicht. Warum nicht?

Können sie *uns* nicht glauben? Warum?

Wir haben jeder unsere Erfahrungen. Wir sehen einander mit diesen Erfahrungen. Wir sind festgefahren.

Im Bilde meines Feindes entdecke ich mein Gesicht. Aber das werde ich ihm nicht zugeben. Er sieht ja sein Bild in mir. Und beide wollen wir unser Gesicht nicht verlieren. Jedenfalls nicht vor dem anderen. Nur keinen Mut.

Wenn wir lieber das Leben für immer riskieren, als einmal das Gesicht zu verlieren, dann hat uns die Feindschaft, die tödliche.

Die Ebenen verschränken sich, unversehens.

Dieser Raum wird zur Welt, wenn wir nur aus-spielen, was unter uns, was in uns verborgen ist. Unser Glück, daß wir nicht die Macht haben. Sie hätte uns.

Immer suchen wir etwas, das die Feinde erkennbar zu Feinden macht.

Und dann finden wir es. Unsere Feinde tun uns den Gefallen.

Wir tun unseren Feinden den Gefallen.

Darin bleiben wir uns treu. Darin sind wir uns gleich.

Dann sitzen wir in der Falle, er in meiner, ich in seiner, wir in unserer.

Alle.

Und dann kommt sie, die Angst. Die gegen-seitige Angst.

Sie macht auf Dauer wahrscheinlich, wovor *sie* uns fürchten macht.

Angst macht aus Angst immer mehr Angst.

Angst ist unersättlich: Sie will Sicherheit, immer mehr Sicherheit. Und sie schraubt und schraubt und schraubt – die Machtschraube, die Raketenschraube.

Es gibt Leute, die haben etwas von der Angst. Die scheinen Lust zu haben am Schrauben, die verdienen an der Angst, die halten durch die Angst in Schach – alle.

Aber sie alle sagen auch: *Frieden.*

Nur meinen sie nicht den Frieden mit dem Feind. Sie meinen Frieden gegen den Feind. Am besten ohne ihn. Frieden, das ist *sein* Tod. Oder nur aus-schalten. Er ist ja der Feind, kein Mensch. Die eigenen höchsten Werte werden höher gewertet als die Menschen.

Sind das nun die Feinde, ohne die wir den Frieden machen müssen, weil es mit ihnen nicht geht?

Wieder verkehrt es sich.

Und dennoch, was sind das für Menschen – wer treibt sie, was treibt sie, wohin treibt es uns?

Begrenzbar wird für sie der *Untergang*, wenn der Untergang begrenzt bleibt auf »die anderen«.

Aber das werden »die anderen« nicht zulassen: Wenn wir sterben müssen, dann sollt ihr auch sterben.

Mit welchem Recht sollen nur »die einen« noch leben? Nach welchem Recht sollen »die anderen« untergehen?

Erstschlags- und Zweitschlags- und Drittschlagskapazität des Todes. Wenn ich nicht lebe, sollst du auch nicht leben, wirst du auch nicht leben. Weder ich und meine Kinder noch du und deine Kinder.

Das ist die Logik der Abschreckung, die Logik der abschreckenden Abschreckung. Wer will auf dieser Logik weiter am Frieden bauen?

Ich nicht!

Was aber vermagst du, meine schwache Stimme, gegen die starken Waffen?

Du lebst, und sie sind todbringend, diese Produkte unserer nekrophilen Intelligenz.

Liebe Freunde, liebe Feinde, fragt nicht mehr:

*Wer wen?*

Sagt nicht mehr:

*Wir* sind das *Gute*,
*ihr* seid das *Böse*,
*wir* sind das *Morgen*,
*ihr* seid das *Gestern*.

Suchen wir gemeinsam das Leben, suchen wir den Streit, der uns leben läßt. Uns alle.

Wenn wir heute Frieden wollen, müssen wir uns auch den

Kopf unserer Gegner zerbrechen, ohne ihnen die Köpfe zu zerbrechen.

Meine Angst ist deine Angst.
Eure Angst ist unsere Angst.
Der Angstfriede ist am Ende.
Er bringt alle zu Ende.
Er bringt alles zu Ende.

Frieden ist nur noch Frieden mit dem Feind. Der Friede ohne den Feind wäre in unserer Welthälfte der Friede nach dem Untergang.

Soviel scheint sicher,
soviel ist sicher,
tot-sicher.
Dein Feind braucht Frieden.
Du brauchst Frieden. Mit ihm.

Darum:

Besser schlecht miteinander gesprochen
als gut aufeinander geschossen.
Besser unbeholfen aufeinander zugehen
als gekonnt übereinander herfallen.
Besser langsam mit Geduld
als schnell mit Wut.
Besser nach-verhandeln
als nach-rüsten.
Besser gemeinsame Punkte suchen
als Unterschiede herausstellen.
Besser heute den ersten Schritt wagen
als morgen den letzten Schritt riskieren.

Liebe Freunde, unsere Feinde sind auch Menschen, zuerst Menschen, auch wenn sie es uns oft schwermachen, das zu glauben, auch wenn wir es ihnen oft schwermachen zu erkennen, daß wir zuerst Menschen sind, die in ihnen zuerst Menschen sehen. Und sie werden Feinde bleiben, wenn wir sie wie Feinde behandeln, statt aus Feinden Gegner, aus Gegnern Partner, aus Partnern Freunde zu machen versuchen.

Was kann ich dazu tun, ich Schwacher, ich einzelner, ich kleiner?

Mein Gegner hat das Recht zu leben,
und ich verhalte mich so, daß er das auch glauben kann.
Ich unterlasse alles, was ihm Angst macht.
Ich nehme seine Ängste ernst.
Ich mache ihm meine Ängste verständlich.
Ich arbeite mit ihm an der Überwindung der Ursachen
unserer Gegnerschaft: Sicherheit durch
Zusammenarbeit.
Ich versuche ihn nicht mehr loszuwerden.
Er will mich nicht mehr loswerden.
Wir brauchen einander.
Wir lassen einander Raum.
Wir suchen den gemeinsamen großen Nenner:
Überleben.
Wir überwinden die Sprachlosigkeit.
Wir lernen sprechen – miteinander.
Dein Feind braucht Frieden.
Dein Feind braucht Leben.
Ich bin dein Feind, mein Freund.

## Sendung

»Die Uniform des Tages ist die Geduld,
die Auszeichnung der armselige Stern
der Hoffnung über dem Herzen.«[1]
Der Stern, der armselige der Hoffnung über dem
Herzen,
sei unsere Auszeichnung.

Wohl denen, die keine Feinde brauchen.
Wohl denen, die Frieden stiften
mit ihren Feinden.
So gehet hin und seid Friedensstifter,
friedfertige Friedensstifter.
Seid zum Frieden fertig,
damit der Frieden nicht fertiggemacht wird
durch euer Kämpfen für ihn.
Sucht den Feind

nicht zu besiegen,
sucht ihn
zu verwandeln.
Dann seid ihr selbst Verwandelte.

Und der Friede Gottes,
der höher ist als alle Vernunft,
leite uns auf dem Weg zum Frieden,
den uns die Vernunft gebietet.

Und der Friede Gottes bewahre
  unsere Herzen und Sinne
in Jesus Christus.

# Vor den Trümmern zerbrochener Träume

*Diskussionsbeitrag auf der V. Synode des Bundes der Evangelischen Kirchen in der DDR, Görlitz, September 1987*

Ich möchte ehrlich sein, weder euphorisch und einäugig nach guten Erfahrungen, noch gelähmt und bitter nach schlechten. Im Bild gesprochen: Ich kann nicht an den vielen toten Bäumen auf dem Weg nach Görlitz achtlos vorüberfahren, weil ich den respektablen Arbeitsbericht des Bundes in den Händen halte oder erfüllt bin von den Erfahrungen des Olof-Palme-Friedensmarsches. Ich sehe uns in unserer Gesellschaft einerseits *vor den Trümmern zerbrochener Träume* stehen, und das möchte ich hier gern benennen. Einige Beispiele:

1. Ich sehe uns zuerst vor den Trümmern des Konzepts der »Kirche im Sozialismus«, die es nicht vermocht hat, Tausenden Mitchristen Mut zu machen, hier in diesem Lande zu leben, und denen, die in diesem Lande bleiben, Mut zu machen, *aktiv* in dieser Gesellschaft mitzuwirken. Dazu gehört für mich auch der ganze Konferenzbericht: eine rastlose und ratlose, eine überforderte Konferenz berichtet uns. Aber ich finde das, was hier gesagt oder nicht gesagt wird, im übrigen ehrlicher, als wenn wir vollmundig reden würden.

2. Ich sehe uns vor den Trümmern zerbrochener Träume von einer Gesellschaft, deren Ziele einst weit über Machterhalt und Bedürfnisbefriedigung hinausgingen. Wir wursteln uns mühsam durch ökonomische und ökologische Sachzwänge hindurch. Wohin? Ich sehe uns vor den Trümmern einer Gesellschaft, die die Gebrechen des Kapitalismus grundlegend zu überwinden sich angeschickt hatte und den Menschen von aller Entfremdung und Ausbeutung befreien wollte, die den Menschen, nach Marx, nicht auf seine tierischen Funktionen Essen, Trinken, Wohnen etc. reduzieren würde. Was ist geworden?

3. Ich sehe uns – trotz bemerkenswerter Wiederentdekkung von Tradition und Geschichte – vor vielen Trümmern unserer kulturellen Überlieferung. Was geschieht unseren Städten Greifswald, Halberstadt oder Erfurt? »Ruinen schaffen ohne Waffen« – dieser Slogan hämmert mir in den Ohren beim Gang durch die Nebenstraßen unserer alten Städte, wenn ich vom »Boulevard« abkomme. Und der drohende Zerfallsprozeß, den ich beobachtet habe, als ich im Urlaub durch das Land gefahren bin ... Von diesem drohenden Verfallsprozeß sind auch viele unserer Kirchen betroffen. Ist dieser ganze Verfall ein Symbol? Und wofür?

4. Ich sehe uns vor den Trümmern angesichts einer ruinösen Verbrauchspolitik und eines ruinösen Verbraucherverhaltens, in das wir einbezogen sind. Dem entspricht eine ökonomisch und ökologisch völlig veraltete Industrie. Wasser, Boden, Luft und Wald als regenerierbare Ressourcen sind akut in Gefahr. Das öffentliche Bewußtsein dafür ist in unserer Gesellschaft nicht entwickelt. Zwei Beispiele: Wie viele Schweine bekommen in diesem Lande unser subventioniertes Brot zu fressen? Der ganze Sinn der Subventionierung, der gute Sinn ist verloren, und wir schweigen darüber. Oder: Nachts, wenn wir schlafen – weil wir schlafen –, werden die meisten Schadstoffe abgeblasen. Und wir gewöhnen uns daran und versuchen in der Kirche manchmal – ich hab auch gestern so einen Akzent gehört –, die *Aufgeregten* seelsorgerlich *abzuregen*.

5. Zerbrochene Träume auch angesichts der Lösung unserer Energieprobleme durch Atomkraftwerke. Wir bauen in Stendal weiter, darauf vertrauend, daß Tschernobyl bald vergessen und die technische Sicherheit »nachgerüstet« wird.

Das ist das eine.

Andererseits *erwachen auch Hoffnungen*, die zu traumhaften Erfahrungen werden. Einige Beispiele:

1. All unser friedensethisches Denken und unsere friedenspolitische Aktivität sehe ich in diesem Jahr im Windschatten der großen Rede von Michail Gorbatschow beim Moskauer Forum im Februar 1987. Dieses Forum hat offenbar viele andere Foren inspiriert, vielleicht sogar ermöglicht. Sowjetische

Zeitschriften halten, was Glasnost versprochen hat. Ich hoffe auch, daß es bald die deutschen tun.

2. Es war großartig, manche Foren beim Berliner Kirchentag in diesem Jahr zu erleben, auf denen wesentliche Fragen unserer gemeinsamen Zukunft aufgegriffen und weitergeführt wurden.

3. Ich erlebe mitten in der Braunkohlenwüste bei Espenhain ein Umweltseminar zum Thema: »Unsere Zukunft hat schon begonnen«. Das ist nicht zynisch gemeint. Da muten schwerbetroffene Bürger den Staatsorganen zu, was sie erleben. Sie treffen auf den Forschungsdirektor des Kraftwerks Espenhain, der den Teilnehmern bittere Wahrheiten über unsere ökonomische und technische Situation sagt. Betroffenes Schweigen in Espenhain von fünfhundert Menschen, die dort wohnen, erlebte ich anders als jenes Schweigen in Berlin, wo ein Professor mit einem zweistündigen Informationsschock das Gespräch verhinderte. Ein Gefühl gemeinsamer Verantwortung für dieses Land kommt dort in Espenhain auf, nicht nur eine Anklage und eine Erwartungshaltung an den Staat. Das empfinde ich als einen großartigen Fortschritt, den ich mitten in dieser Braunkohlenwüste gesehen habe.

4. Das gemeinsame Papier von SPD und SED kommt in der Analyse der Weltsituation unserer Weltsicht sehr nahe. Auch hier entdecken wir Gemeinsames, so groß die Probleme auch sind, die darin genannt werden.

5. Und letztens: Erich Honeckers Wort über die Grenzen, die nicht trennen, sondern vereinen werden, ist doch ein denkwürdiges Wort von einem Mann, der einmal den Mauerbau organisiert hat. Der Tag wird kommen, sagt er. Ich möchte nicht ewig warten.

Schließlich: Ich wünschte mir, daß wir nicht einäugig werden. Wir müssen einander die Wahrheit oder die Wahrheiten, die wir erkannt haben, auch die unverdaulichen, zumuten. Die Frage nach der Zumutbarkeit unserer Wahrheit für »die anderen« ist eine wichtige Frage. Sie darf aber nicht zur ersten werden, sonst verheddern wir uns in taktischem Kalkül und sind nicht mehr bei den Menschen.

# Über den Mut, einander die unzumutbaren Wahrheiten zuzumuten

*Eine Meditation,*
*vorgetragen auf der Ökumenischen Versammlung*
*für »Gerechtigkeit, Frieden und Bewahrung der Schöpfung«,*
*Dresden, 13. Februar 1988*

I

Aus Liebe zum Leben,
aus Sorge um das Leben,
aus Verantwortung für das Leben
sind wir hier.
Wie sieht diese Welt aus,
was ist aus diesem Land geworden –
und was wird, wenn es so weitergeht?
So offen und so ehrlich uns das möglich ist,
versuchen wir Rechenschaft zu geben
von unserer Ratlosigkeit und Mitschuld,
von unserer Hoffnung und unserer Verantwortung.

II

Es ist wahr, was Bertolt Brecht schrieb:

Die Wälder wachsen noch.
Die Äcker tragen noch.
Die Städte stehen noch.
Die Menschen atmen noch.

Noch. Wie lange noch?

Tiefer Weltzweifel greift um sich, krallt sich in uns hinein. Zahlen, Daten, Bilder des Verderbens fallen in die Tiefe unserer Seele.

Manche sind schon in Verzweiflung versunken.

Andere sagen: Um diese Welt geht es nicht. Sie vergeht.

Zu viele übersehen, was sie sehen, überhören, was sie hören. Sie verdrängen die bedrängenden Daten, um zu überleben. Ein wenig, solange es eben geht, nehmen sie, nehmen *wir* teil an den Segnungen dieses Lebens. Wir leben noch, uns geht es noch gut, uns geht es noch besser, uns könnte es noch besser gehen . . . Indes: Der Wettlauf zwischen kriegerischer und friedlicher, zwischen sehr plötzlicher und ganz allmählicher Selbstzerstörung wird weiter südlich durch Verhungern vorzeitig entschieden. Was für uns Gefahr, ist für Millionen schon Realität: elendes Verlöschen.

III

Die Schöpfung ist vermessen,
das Maß verloren,
das Tempo überschritten –
nun drängt die Zeit. Sie wird zur Frist.
Der Überfluß produziert den Mangel.
Das Wachstum wuchert, und die Wüsten wachsen.
Der Lebenshunger ist geworden zur Verbrauchergier.
Das Sicherheitsbedürfnis schafft sich das Zerstörungspotential.
Aus Angst wird Angst gemacht.
Unruhe macht sich breit.
Sie ist zur Bewegung geworden.
Die Überlebenssorge hat zu mutigem Umdenken geführt, auch bei Politikern, die zu überraschenden Hoffnungsträgern werden.
Aber verschweigen wir es uns nicht: Die Überlebensvernunft, kaum hat sie einen schmalen Streifen Zukunft in die düstere Gegenwart geschoben, gerät sie schon wieder unter die Räder der Systemzwänge.
Das »neue Denken«, kaum bricht es sich in einigen Köpfen eine Hoffnungsbahn, findet das lösende Wort, den ersten öffnenden Schritt, schon verstrickt es sich wieder, wird verstrickt in die Eigengesetzlichkeit der Apparate.
Es wird wieder provinziell, auch wir.
Ausgrenzen. Abschrecken. Ausweisen.
»Organe« befassen sich dann wieder mit »Elementen«.
Und das Volk greift ein in die rhetorische Schlacht.
„Härte“ heißt das alte Wort.

Personen abschieben, Probleme aufschieben. Wie lange noch?

Und wir graben uns wieder in die alten Gräben.

*Un*vergleichlich ist das alles, denk ich an die Favelas und Townships, an Guatemala und Palästina, an Hanau und Sellafield – unvergleichlich und doch vergleichbar.

Überlebt!

Nehmen wir wahr, was ist und was mit uns ist.

Muten wir uns den Blick in die Abgrundtiefe unseres Selbst und der von uns geschaffenen Welt zu. Sehen wir nicht weg. Sehen wir genauer hin.

Machen wir uns nichts mehr vor, und lassen wir uns nichts mehr vormachen. Es gibt auch dort eine moralische Pflicht zu wissen, wo es eine gesetzliche Pflicht gibt zu verschweigen. Halten wir stand, hier in diesem Land.

Flüchten wir nicht, vor nichts und niemand.

Hier ist der Ort, hier ist die Zeit zu bestehen.

Wir sind ein Teil der Welt und haben Mitverantwortung für diesen Teil. Aber er ist Teil eines Ganzen.

Die Grenzen unseres Landes sind nicht die Grenzen unserer Welt. Die Weltvernichtung, die Weltvergiftung, der Welthunger sind grenzenlos.

## IV

Im Brief an die Hebräer lese ich: »Es ist aber der Glaube eine gewisse Zuversicht auf das, was man hofft, und ein Nichtzweifeln an dem, was man nicht sieht.«

... ein Nichtverzweifeln an dem, was man sieht!

Ich sehe noch einmal vor mir die Zeugnisse der Betroffenheit, sehe vor mir die Betroffenen:

– wie ein reiches und mächtiges Land ein armes und kleines Land erdrückt;

– wie verdeckt und wie offen Menschen unseres Landes – wir selbst! – »apartheidsfähig« werden;

– wie wir an Abgrenzung und Ausgrenzung krank werden;

– wie schwer es ist, Wehrdienst noch als Friedensdienst zu leisten;
– wie mühsam Friedenserziehung vorankommt;
– wie mächtig die Aufrüstungsdynamik geblieben ist;
– wie uns Geld wichtiger wird als die Natur und die Gesundheit;
– wie unser Wald zum Gespenstergerippe geworden ist;
– wie entstehendes Leben abgesaugt wird.
Beispiele nur. Jede Woche eine Katastrophenmeldung.
Die Meldungen laufen durch, laufen an uns ab.
Weltuntergangsbücher als Bestseller.
Unsere Welt steht zur Disposition, unser Glaube auf dem Prüfstand.

> Gott, ist noch Hoffnung, für uns,
> für deine Welt in unseren Händen,
> für eine gute Zukunft in deiner Hand?

Wir erleben, wie schnell wir vor der Fülle der Probleme kapitulieren, wie leicht wir aufgeben, unser Licht unter den Scheffel der Resignation stellen, wie tief Ohnmachtserfahrung und Ohnmachtsgefühle uns lähmen.

Da wird Hoffnung zur Kraft des Widerstands, selbst dort, wo alle Aussicht versperrt ist.

Das Wunder der Wende zum Leben erwarten, dennoch –
das ist Glauben gegen den Augen-Schein,
so wie Noah mitten in der Flut,
wie Abraham und Sarah, in der Fremde, alt und kinderlos,
wie Mose mitten in der Wüste,
wie Jesaja im Exil, wie Jona in Ninive
und wie die Jünger nach Karfreitag.
Alle waren sie ganz am Ende,
aber Gott war nicht am Ende mit ihnen.
Sie erlebten das Wunder der Wende zum Leben.
Sie gaben nicht auf, weil sie wußten,
daß sie nicht aufgegeben sind.
Der Glaube wird zur Widerstandskraft im Angesicht des Endes.
Er singt schon, wenn die Nacht noch finster ist.

Er spricht nicht das *Noch* der bösen Befürchtung, sondern er lebt vom *Noch nicht* der guten Erwartung.

Er lebt auf das Erwartete zu.

Wer aber die Zuversicht verloren hat,

der tut *nichts* mehr. Er wartet auf das *Nichts.*

Er wartet nur noch ab, er findet beständig Bestätigung für seinen Zweifel.

Der Hoffende bleibt unterwegs, auf das Erhoffte hin. Der Hoffende bleibt aber auch der Gefährdete, der Enttäuschbare, der Verletzliche.

Verletzlich in seiner Hoffnung, aber nicht bitter.

Bejahend die Grenzen des eigenen Vermögens, vertraut er dem, der die Grenzen des Todes überschritten hat.

Wir gehen hier einen ersten Schritt, einen Schritt des gemeinsamen Glaubens mitten in den Bedrohungen des Lebens.

## V

»Ich stelle mir die Frage«, schreibt Tschingis Aitmatow, »ob nicht eine prinzipiell neue Ära im Bestehen des menschlichen Geistes anbricht, die, sagen wir, der Eiszeit in der geologischen Geschichte des Planeten gleichkommt. Von den Polen rutschen gleichsam Eisgletscher der Verzweiflung, und wir hasten in dem immer kleiner werdenden Überlebensraum hin und her.«

Die neue Ära braucht ein grundlegend anderes Verhalten und grundlegend andere Verhältnisse – in Rück-Sicht und Voraus-Sicht, in Ehrfurcht und Bescheidenheit.

Suchen wir dafür Verbündete aus allen Lagern, Ländern, Kulturen – schließen wir die Koalition der Überlebensvernunft. Bewahren wir uns vor jedem Provinzialismus.

Begraben wir den trennenden Streit von vorgestern heute noch, um nicht morgen gemeinsam im Grabe zu liegen.

Es geht um alle und um alles.

Gott, um alles in der Welt,

laß uns nicht los –

um alles in der Welt.

# Umkehren und Umgestalten

*Rede*
*auf dem Evangelischen Kirchentag in Halle,*
*Juni 1988*

Wir können es schon nicht mehr hören – bis wir es nicht mehr hören können: Unsere Welt ist in eine Überlebenskrise geraten.

Wenn wir kaputtgehen, dann gehen wir kaputt an unserer Lethargie. Wir brauchen einen Überlebenspakt der Menschheit auf der *einen* Erde. Dazu brauchen wir den Dialog einer solidarischen Überlebensvernunft. Dieser Dialog der Überlebensvernunft muß sich nicht nur zwischen den Völkern, Ideologien und Blöcken ergeben, sondern auch in jedem Land zwischen unterschiedlichen Menschen, verbunden in dem einen Willen: zu leben.

Aber der Weltprozeß ist dem Bewußtseinsprozeß davongelaufen:

– die Aufrüstungsdynamik läuft der nötigen Friedensfähigkeit unter Bedingungen der Massenvernichtungswaffen davon;

– die Energieerzeugung und ihre Probleme schlagen sich weder im Energiebewußtsein nieder, noch gibt es bisher realisierte Alternativen;

– der Welthunger eskaliert, ehe wir die Fähigkeit zu teilen erworben haben und ehe wir eine Neuverteilung der Güter dieser Erde (Weltwirtschaftsordnung) verabreden können.

Was hilft uns? Das Erschrecken? Eine neue Vision? Ein Wunder?

Ich denke, es hilft uns die nüchterne Bestandsaufnahme und ein mutiges Hindurchgehen durch die schmerzliche Erkenntnis in das, was auf uns zukommt. Wir brauchen Umkehr und Umgestaltung, innere und äußere Veränderung, persönliche und politische Schritte in eine lebbare Zukunft.

## I.
## Das Beispiel Frieden

Auf der Bühne der Weltgeschichte, zu einem Zeitpunkt, da das Fortschrittsjahrhundert an sein Ende gekommen ist, da die planetarische Frage nach Sein oder Nichtsein wetterleuchtet, ist ein Mann erschienen, der »an den Schlaf der Welt rührt« – und: *Wir sind noch nicht aufgewacht.*

Ein Moralist mit politischem Sachverstand, ein Visionär mit einem Blick für das Mögliche, ein Mann, der die Zeichen der Zeit sieht und daraus Politik für die Menschen macht, der sich der Gedanken anderer dialogbereit bedient.

Ein Mann, dem man wünschen kann, daß er gewinnt, weil wir alle dabei gewinnen. Es geht nicht um Personenkult, sondern um die Überraschung, daß ein Mensch an entscheidender Stelle die richtigen Ideen hat und aufnimmt.

Es gibt wieder Hoffnung, weil eine über sich selbst aufgeklärte Vernunft Politik zu machen beginnt, pragmatisch und mit einer Zielvision, die den *einzelnen wieder als mitgestaltendes Subjekt* der Geschichte ernst nimmt und zu einer Wende des Bewußtseins herausfordert. Diese Politik wirkt sich in Veränderungen der gesellschaftlichen Strukturen aus, die auf eine Humanisierung der Beziehungen, auch der internationalen Beziehungen, aus ist. Wenn er Erfolg hat, ist es das Ende des Sozialismus – der Untergang des dogmatischen und bürokratischen Sozialismus und der Anfang des wahren, des schöpferischen Sozialismus, für den ich mir wünschte, daß wir darin unseren Part spielen und nicht längst »über alle Berge« sind.

Es geht mir nicht um die Person, aber es geht auch nicht ohne diese Person, die die lebensfördernden Gedanken nicht nur ins Wort, sondern auch ins Gemenge bringt – ins Gemenge der vielfach geteilten Welt – und das Weltgewissen wachruft und zu organisieren versucht. Es geht mir um eine Unermüdlichkeit, die sich durch Rückschläge nicht müde machen läßt. Es ist auch an uns, die Chance nicht zu verpassen, die »neues Denken« in sich birgt. »Unsere *größte Schwierigkeit* ist heute die *Umgestaltung des Denkens.* Dies ist heute der zentrale Punkt der Umgestaltung«, sagt Gorbatschow über die Sowjetunion, und das dürfte bei uns nicht anders sein.

Zunächst in der Friedensfrage haben sich auch in unserem Lande Bewegungen ergeben, über die wir nur dankbar staunen können. Es besteht doch noch eine Chance, den unaufhaltsamen Aufstieg der Aufrüstungsdynamik politisch zu stoppen. Denken wir nur einmal an den Weg, den wir zurückgelegt haben: Die Raketen, die einmal aufgestellt wurden, um »den Frieden zu schützen«, weil die Raketen in der Hand der Guten auch gut genannt wurden, werden jetzt als »Teufelszeug« bezeichnet, und viele beeilen sich nun, dies Wort beflissen zu wiederholen. Eine Abrüstungsdynamik ist in Gang gekommen, die das Prinzip der Abschreckung in Frage stellt, von Nullösung zu Nullösung eilen will und etwas erfordert, was es noch nie gab: modernste Waffenvernichtungsfabriken für modernste Waffen. Wir beginnen etwas kaputtzumachen, was uns kaputtmachen kann. Ein großartiger Anfang!

Und Politik beginnt sich zu verstehen als *Feindbildzertrümmerungsmethode.* Weil die monströsen militärischen Apparate hüben und drüben um ihre Existenzberechtigung, ja um ihre öffentliche und damit finanzielle und personelle Legitimation bangen, müssen sie die Bedrohungsbeschwörungen stets erneuern. Ich glaube, es läßt sich erhärten, daß die Supermacht Sowjetunion ernsthaft an einer defensiven Verteidigungsdoktrin mit allen Folgemaßnahmen interessiert ist. Aber defensive Verteidigungsstrategien drohen zu Jobkillern für Bomberpiloten, Panzerfahrern, Raketentruppen zu werden. Die Waffensysteme müssen umgestellt, die Logistik revidiert und das Denken verändert werden. Sieg würde zum militärischen Tabuwort.

Die riesigen militärischen Apparate, ihre wissenschaftlichen, technischen und ideologischen Zulieferer werden alles daransetzen, sich nicht ihre Existenzberechtigung nehmen zu lassen.

Abrüstung, so widersinnig das klingt, fordert mehr Geld für die Verteidigung, plauderte Franz Josef Strauss in die hingehaltenen Mikrophone. Und wer um die absolute Priorität der Landesverteidigungsobjekte auch in schwieriger ökonomischer Lage bei uns weiß, bemerkt, daß noch viel zu tun ist, ehe die Abrüstungsdynamik eine ausreichende ideologische und militärische Substruktur bekommt.

Das Lieblingskind *Abschreckung* – auf der Aufrüstungsschaukel – wird im Westen von vielen wieder gehätschelt als die Friedensgarantie gegenüber einem »konventionell überlegenen Osten«. Wie weit sich der Abschied von der Abschreckungsdoktrin bei vielen Politikern schon auf die Militärs in unseren Armeen ausdehnt, vermag ich nicht zu sagen, vermute aber auch hier mehr alte Interessen als »neues Denken«.

Frieden wird in unserer offiziellen Außenpolitik jedenfalls als *Höchstwert*, ja als eine Voraussetzung aller anderen Werte und Ziele angesehen. Die Erkenntnis der neuen Bedrohung hat bei DDR-Politikern Ein-Sichten neuen Denkens hervorgerufen, bevor es diesen Begriff gab. Unsere Regierung hielt an der Dialogpolitik fest, als es zwischen den Großmächten frostig wurde. Und der Staatsratsvorsitzende konnte am 11. 12. 1987 zum INF-Abkommen mit Überzeugungskraft erklären: »Dieses Abkommen ist ein Sieg, wie ihn die Welt heute braucht, kein Sieg der Waffen, sondern ein Sieg gegen die Waffen.«

Wenn jetzt weiterführende Kritik im einzelnen erhoben wird, dann unter der Voraussetzung, daß die Beharrlichkeit der Abrüstungs- und Verständigungspolitik unserer Staatsführung auch in Schwierigkeit hohe Anerkennung verdient.

Vor allem steht etwas aus, was wir in einer These so formuliert haben: »Weil die nach außen gerichtete Friedenspolitik unseres Landes dann glaubhafter und wirksamer wird, wenn sie mit der gleichen Beharrlichkeit auch innerhalb der Gesellschaft gewährt wird, halten wir es für dringlich, im gesamten Erziehungskonzept vom Kindergarten bis zur Berufsausbildung und darüber hinaus aus dem jetzigen System der Wehrerziehung in ein neues System der friedlichen Konfliktbewältigung überzugehen.«

Mich hat sehr erregt, was ich im Mai dieses Jahres auf

dem Bahnhof in Wittenberg erlebte, als ich zufällig Zeuge der Übergabe kleinerer und größerer Jungs an schneidige Offiziere der NVA wurde. Aus Schülern wurden im Handumdrehen kleine Soldaten. Die Genugtuung, mit der die Jungen ins Wehrertüchtigungslager zogen und eingereiht wurden in die alten Spiele, war schon bedrückend. Was ich da gesehen habe, nenne ich *Verführung, nicht Führung in die Zukunft des Friedens.* Und ich denke an die Eltern, die dies weiter zulassen. Meine Erfahrung ist, daß sie dies meist eher achtlos und aus Sorge um die Karriere ihrer Kinder tun, nicht aus Sorge um ihre Seelen, noch aus ethischen Überlegungen der Friedensbewahrung. Manche glauben gar wie mein Großvater, die erzieherischen Versäumnisse könnten auf diese Weise behoben werden: ». . . daß die Jungs endlich lernen, was Gehorsam und Ordnung ist.«

Solche Fragen gehen uns alle an. Wir brauchen den fairen Streit, um den Weg zum Frieden in unseren Gemeinden zu finden.

In der DDR scheint weiterhin die *Machtfrage* – nach innen und außen – Priorität zu behalten. Die alte, so einleuchtende Steinzeitfrage: Wer–wen? ist eine immer wieder blankgeputzte ideologische Waffe und steht in Konkurrenz zur stets betonten Priorität der Friedensfrage.

Und nicht nur unser Altes Testament wie unsere Kirchengeschichte, sondern auch unsere Köpfe sind noch angefüllt von dieser Sieg-Niederlage-Logik. Es gibt noch keine öffentlichen Orte, dies in unserem Land angstfrei zu diskutieren. Uns sind noch viele, viele Bewußtseinsrucke und Strukturveränderungen zugemutet.

Machen wir mit bei dem wahnwitzigen Versuch, uns vom *Verhaltenserbe unseres Urvaters Kain* zu befreien, bevor wir an dem zugrunde gehen, mit dem wir uns schützen wollen?

Das rührt an unsere Tiefen, unsere Untiefen, an das »sogenannte Böse«. Jesus ist der, der uns Umkehr zutraut, wo wir glauben, daß das Reich Gottes als ein *Reich der Friedens* näher ist und uns näher liegt als der Untergang. Die erste Umkehr ist heute die Umkehr zum Frieden, die die Konfliktregelungen zwischen rivalisierenden Individuen, Gruppen und Völkern vom Prinzip: *Sieg* oder *Niederlage, ich* oder *du, wer – wen* befreit.

Wodurch ist sie möglich? Durch eine geduldige und beharrliche Bändigung des Tieres in uns; durch den demokratisch geregelten Wettstreit der Ideen und Konzepte in der Gesellschaft; durch politische Organisation des gleichberechtigten internationalen Interessenausgleiches. Dabei spielen die Vereinten Nationen wie die vielen nichtstaatlichen Organisationen in aller Welt eine bisher nicht voll wahrgenommene Rolle.

»Neues Denken« heißt, daß einer den anderen leben läßt, nicht nur notdürftig überleben. Also: Leben und Leben-Lassen wird als kategorischer Imperativ einer friedlichen Koexistenz anerkannt und praktiziert.

Am Beispiel »Frieden« wird klar, wie die Feststellung eines Zielwertes einen Umkehr-, Bewußtseins- und Verhaltenswandel vom einzelnen fordert, gesellschaftliche Umgestaltung braucht und ein internationales Sicherheitssystem nötig macht.

Wie man es dreht und wendet: Aufrüstung führt zu vermehrtem Mißtrauen, und Mißtrauen führt zu vermehrter Aufrüstung.

Die Lösungen liegen im vertrauenschaffenden Handeln auf allen Ebenen. Hier sehe ich uns in unserer Gesellschaft auf einem *Lernweg,* wenngleich auf einem noch sehr widersprüchlichen. Wir haben das anhand eines Beispiels in einer These so ausgedrückt: »Weil der Olof-Palme-Friedensmarsch in der DDR neben seinen abrüstungspolitischen Impulsen ein erster öffentlich wirksamer Schritt zur Überwindung der inneren *Abgrenzungpraxis* von Staat und Kirche war, halten wir es für erforderlich, diesen offenen und öffentlichen Dialog zur *Vertrauensbildung* zwischen den Völkern und in unserem Land weiterzuführen.«

Soweit einige Bemerkungen zu unserem Lernweg zum Frieden. Insgesamt habe ich aber den Eindruck, daß in unserem Land die fälligen und möglichen Reformen verweigert werden und wir selbst nicht genug dafür tun, sie in Gang zu bringen. Ich denke z. B. an das, was gegenwärtig im Schulsystem geschieht oder vielmehr nicht geschieht. Ich denke daran, wie unsere führenden Philosophen in unseren Zeitungen argumentieren und wie unsere Zeitungen überhaupt hinter den Möglichkeiten von Glasnost zurückbleiben und merkwürdige Selbstrechtfertigungsversuche produzieren. Das macht bisher wenig Hoffnung. Sind wir bereit, aus unserer *Zuschauermentalität* herauszutreten und in den Mühen der Ebenen Wege in eine gerechte, friedensfähige, partizipatorische und überlebensfähige Welt zu gehen? Mit »verschränkten Armen und kalten Herzen kann die . . . Arbeit nicht erfüllt werden«.

## II.
## Reformbedürftigkeit und Reformfähigkeit

»Die Zeit des Schweigens ist vergangen, und die Zeit zu reden ist gekommen« – so beginnt Martin Luthers große Flugschrift »An den christlichen Adel deutscher Nation von des christlichen Standes Besserung« (1520). Luther ruft zu einer Reform (um nicht »Reformist« gescholten zu werden, spricht man heute von »Umgestaltung«) des Staats- und Kirchenwesens, zu einer Reform der Strukturen und zu einer Umkehr jedes einzelnen auf. Er tut dies, indem er anknüpft und erinnert, ja die Quellen der damals sich christlich nennenden Gesellschaft einklagt. Und sie war doch auch nur eine real existierende christliche Gesellschaft. Er ruft zu einer sachgemäßen Trennung des Kirchen- vom Staatsapparat auf. Die »Not und der Druck« hat jedermann dazu gebracht, »vielmals zu schreien und Hilfe zu begehren«. Luther richtet als ein einzelner, als ein Machtloser, als einer, der die Mechanismen der Macht kaum kennt, als ein »Naiver« eine umfassende Eingabe an die damals höchste kollektive Instanz, an alle gesellschaftlichen Verantwortungsträger.

Er tut dies nicht, um die Fundamente der Gesellschaft zu erschüttern, sondern um wieder auf ihnen aufzubauen. Das erinnert mich wieder an Gorbatschow: »Es kommt vor, daß man in einem im großen und ganzen gediegenen Haus lebt, mit festem Fundament und zuverlässigen Pfeilern. Doch gleichzeitig stellt uns vieles in diesem Haus nicht mehr zufrieden und ist hinter den wachsenden Erfordernissen und Bedürfnissen zurückgeblieben. Mit einer kleinen Reparatur ist es hier nicht getan. Man muß sich schon zu einer Rekonstruktion von Grund auf entschließen.«

Nach einer Reform zu verlangen ist also nichts Einmaliges. Schließlich lohnt es sich nach der Meinung der Reformer, *das Vorhandene zu reformieren*, statt es zu verwerfen, abzuschütteln oder sich zynisch abzuwenden. Trotzdem werden die Reformer schnell Häretiker, Ketzer, Abtrünnige, Konterrevolutionäre, Dissidenten gescholten.

Jede Gesellschaft hat offenbar in ihrer Entwicklung Tendenzen zur Verknöcherung, zum Machtmißbrauch, zum Zielverlust durch bloßen Machterhalt, ja zur ängstlichen und darum Angst machenden Blindheit gegenüber den Problemen. Und in Gesellschaften oder Gruppen, die eine Zielutopie haben, treten immer wieder Menschen auf, die an die Differenz, ja den Gegensatz von Ideal und Wirklichkeit erinnern. Dies führt zum produktiven Widerspruch, wenn die Führenden wie die Geführten zum einsichtsvollen Umdenken, zum schmerzlichen Umkehren bereit sind, statt mit Altersstarrsinn alles beim alten zu belassen. Eine gesellschaftliche Erneuerung funktioniert nur, wenn die einzelnen umkehren *und* es zu einer Reform gesellschaftlicher Strukturen kommt. (Ich erinnere an die sogenannte Josianische Reform zur Zeit Jeremias', ich denke an Clun, an Cromwell, an Franziskus, an die Reformkonzilien der katholischen Kirche bis zum II. Vatikanum, und ich denke an die von innen versandeten oder von außen abgebrochenen Reformversuche in den sozialistischen Staaten.)

Eine Reform versucht im Unterschied zu einer Revolution die bisherigen Verantwortungsträger nicht zu beseitigen, sondern sie zu gewinnen. Sie entthront nicht, um sich dann flugs selber auf den Thron zu setzen. Sie führt nicht den Kampf gegen die Paläste und Jagdschlösser der Herren, um selber darin Herr zu werden. Sie macht nicht reinen Tisch, um sich selber »oben« an den Tisch zu setzen. Sie sucht das Neue mit Mitteln, die dem Neuen entsprechen, weil es sich in der Geschichte schon zu oft gezeigt hat, daß die verwerflichen Mittel den guten Zweck verdunkeln, ja daß sich die Mittel verselbständigen, ohne daß der Zweck je erreicht wäre. Der Refrain, der dann gesungen wird, heißt zum Beispiel: Alle sind gleich, aber einige sind erstmal gleicher als gleich.

Die Kirche hat diesen Satz schon lange zur Ideologie erhoben, indem sie immer behauptete, in der Taufe, also vor Gott, sind alle gleich. Das bedeutet aber nicht, daß die Menschen voreinander und füreinander gleich sind. So kann man Hierarchien rechtfertigen und eine hehre Ideologie verbreiten!

Ein anderes Beispiel für die Problematik der Mittel-Zweck-Relation ist folgendes: Die Staatsmacht gilt bei uns als Mittel, um den Staat schließlich abzuschaffen. Dies aber führte zur Verabsolutierung der Machtfrage, zur totalen Verbürokratisierung ausgerechnet der sozialistischen Gesellschaft, deren Geschicke von einem »Büro« aus geleitet werden.

Und neben dem sogenannten Staatsapparat existiert ein überall hineindirigierender Parteiapparat. Dies muß zu einer Verbürokratisierung und Lähmung des gesellschaftlichen Prozesses führen. Eine Reform erfordert eine Änderung *aller* einzelnen Glieder der Gesellschaft und der gesellschaftlichen Strukturen. Dazu gehört auch die altmodisch klingende *Selbstläuterung,* die schmerzliche Selbstreinigung. In der DDR ist uns nichts Geringeres zugemutet, ganz gleich, wo wir stehen. Hauptsache nicht hinter alten Barrikaden, Barrikadendenken ist altes Denken. Auch wir sitzen oft hinter Barrikaden und tuscheln über die anderen, statt offen miteinander über die nächsten Aufgaben zu reden.

Eine *Reform erfordert Mut,* großen und tiefen Mut:

– den Mut zuzugeben, sich geirrt zu haben, die Verantwortung dafür zu übernehmen, selber abzutreten oder selber mit der Revision zu beginnen. Ein zugegebener Irrtum ist keine Schande, aber einen offensichtlichen Irrtum als eine Wahrheit zu deklarieren kann zum Verbrechen werden;

– den Mut, die bislang mit Macht gehüteten Tabus aufzugeben, die schmerzlichen Wahrheiten zuzugeben und an die gemeinsame Mitverantwortungsbereitschaft aller zum gemeinsamen Wohl zu appellieren. Das schließt Umkehrbereitschaft aller ein, so daß eine abrechnende Schuldzuweisung sich erübrigt;

– den Mut, die Welt von morgen mit den verantwortlichen Menschen von gestern gemeinsam zu bauen. Dies richtet sich gegen die Tabula-rasa-Wünsche der Verbitterung und der Verfeindung. Hier gilt es, den Mut zu haben, unblutig Übergänge in eine neue, bessere Zukunft einzuleiten, wissend um die stets lauernde Gefahr der Restauration;

– den Mut, die Handlungszwänge anzunehmen und aufzubrechen. Dazu müßten diese Handlungszwänge offengelegt und mündige Menschen an ihre Mündigkeit erinnert werden. Dies könnte zu dem ernüchternden Bewußtsein führen, daß nicht alle Blütenträume reifen werden. (Solche Handlungszwänge sind z. B. die Nachkriegsrealität in Deutschland, die Ressourcenlage in der DDR, die sich herausgebildete Bedürfnisstruktur der Bevölkerung.)

Ist unsere Gesellschaft reformbedürftig? Wo? Wo nicht? Reformfähig? Wie? Wie nicht? Reformbereit? Wer? Wer nicht?

Das sind noch offene Fragen, drohend offen, denn was wird aus diesem Land, *wenn wir im Status quo erstarren*? Was ich bisher höre, ist eine Tendenz zur selbstbelobigenden Reformrethorik, so als ob wir es schon immer gewußt und schon lange alles richtig gemacht hätten. Wieder sind wir Deutschen die ersten und besten? Was aus unserem Land wird, ist unsere gemeinsame Sache. Apathie und organisierte Verantwortungslosigkeit prägen weithin das gesellschaftliche Klima. Die Bevölkerungsmehrheit hat offenbar den offiziellen Materialismus falsch verstanden – und jeglichen Idealismus verloren. Daran krankt nun die ganze Gesellschaft.

Die persönliche Karriere ist alles, und das gemeinsame Anliegen fast nichts. *Schnauze halten* und *Privat geht vor Katastrophe* heißen Glaubenssätze ausgerechnet in einer sozialistischen Gesellschaft!

Viele haben ihre Antwort auf die Frage, ob noch Hoffnung sei für die Erneuerung unserer Gesellschaft, schon gegeben und gehen. Nicht nur weg aus diesem Lande, sondern auch fort von uns. Viele andere leben mit einem geheimen Vorbehalt: Wenn nicht das und das noch geschieht, was ich erhoffe, dann stelle ich die Frage neu ... Dies ist auch eine Frage an unsere Prioritäten: Sind die Menschen, mit denen wir hier leben, weniger wichtig als ein Leben jenseits der Grenze, und sind uns die Erfahrungen mit Behörden wichtiger als die Verbindung und Begegnung mit uns nahen, uns verbundenen, uns verpflichtenden Menschen?

## III.
## Neue Werte und Ziele gewinnen

Zunächst brauchen wir Klarheit über die Ziele und die den Zielen entsprechenden Werte.

»Die Marxisten haben eine Abwehrhaltung gegen Utopie. Es war so mühsam, sich davon loszumachen, seinerzeit. Aber Utopie gewinnt jetzt eine neue Notwendigkeit ... Es wird eine Forderung des Überlebens, die menschliche Existenz auf den Kopf, das ist auf den Gedanken, zu stellen, wie Hegel einst idealistisch vorgreifend die Stunde 1789 verklärte. Das ist eine Forderung zuerst an die industriell entwickeltsten Völker, die die materiell-technischen Voraussetzungen dafür besitzen und sich die dazu notwendige soziale Organisation geben müssen, um damit zugleich dem zerstörerischen und nivellierenden Druck der von Europa ausgegangenen Zivilisation auf die Lebensformen aller andern Völker abzubauen. Die allgemeine Emanzipation ist heute die absolute Notwendigkeit, weil wir in dem blinden Spiegel der subalternen Egoismen, in der Unsolidarität, dem Antagonismus der atomisierten, entfremdeten Individuen, Gruppen, Völker, Konglomerate aller Art immer schneller dem Punkt zueilen, von dem es keine Wiederkehr im guten mehr gibt. Das muß man wissen, ehe man fragt, wie sie möglich sei.« Das ist die »nachrichtendienstliche« Botschaft eines Marxisten, für dessen Gedanken in diesem Land kein Platz war. 1978 schrieb

Rudolf Bahro sein Buch »Die Alternative« und wurde zu acht Jahren verurteilt. Wofür?

Wir brauchen wieder eine Utopie, eine Zielvorstellung, für die es lohnt, sich einzusetzen, statt nur so weiterzumachen und die Katastrophe in Ruhe abzuwarten. Und die Katastrophe kommt bestimmt, dramatisch oder ganz allmählich. Die nächste läuft in Nord- und Ostsee ab, das Donau-Delta ist schon kaputt, der Baikalsee ist vielleicht noch zu retten, aber das duftige Intershop-Spray in den Achselhöhlen wird zum Ozonloch. Wir jedoch werden amtlich beruhigt: Die Ozonschicht ist nicht gefährdet. Und was wird, wenn schon im Regenwasser Pestizide sind?

Unsere Utopie muß entschlossen Abschied nehmen von irgendwelchen Schlaraffenlandvorstellungen. Das sind Verführungsvorstellungen, die uns Menschen als Homo faber und Homo konsumens, nicht als homo sapiens, als einsichtsvolles Wesen verstehen, sondern uns als fleischfressendes, herrschaftsbesessenes, bauchgläubiges Suchtwesen ansprechen. Wir brauchen eine geläuterte Utopie, die *Utopie möglicher Umkehr,* auch wenn noch so viele Daten und Fakten dagegen sprechen, daß wir es noch schaffen.

Umkehrwille wird zum praktischen Überlebenswillen des Gattungswesens Mensch, dem nicht nur seine eigene private Existenz für den kurzen Zeitraum seines Lebens wichtig bleibt. Eine politische Konkretisierung der Umkehr ist für mich heute der Umkehrpunkt, das *Moratorium.* Ein Mensch, eine Gruppe faßt sich an den *Kopf* und wird sich klar, nachdenkend und vorausdenkend, daß es nicht weitergeht, wenn es so weitergeht. Umkehr ist Kopfarbeit. Das Moratorium ist der Zeitraum, an dem wir uns bewußt werden, was geschieht und wohin wir nicht weiterkönnen.

Da kommen gleich die Realisten, die sagen: Man kann die Entwicklung nicht anhalten, und tun deshalb auch nichts dafür. *So* bekommen sie recht.

Da kommen die schlitzohrigen Übertreiber und sagen: Ihr wollt wohl in die Steinzeit zurück? und bleiben andächtig vor der Atomzeit sitzen.

Da kommen die, die genau wissen, daß auch wir gern essen, gern reisen, gern warm sitzen, und wollen uns mit scheinheiligen Argumenten mundtot machen: Oder willst du etwa auf was verzichten? Wer traut sich, da freimütig »ja« zu sagen?

Ich denke, wir brauchen eine enorme Widerstandskraft, einen Widerstandswillen, mit dem wir unsere eigene Trägheit und Angst überwinden und »halt!« rufen. Wir müssen um des Lebens willen den Widerstand organisieren und beim Organisieren das Ziel nicht vergessen. Das heißt zunächst innere Arbeit leisten, Mut gewinnen aus der Verzweiflung, die uns sagt: »Es ist doch alles schon zu spät, du selbst steckst viel zu tief drin, du kleiner Mensch, was kannst du schon machen?«

Dagegen ist mit Erhard Eppler zu sagen: »Es geht zunächst nicht um die Größe der Schritte, sondern um die Richtigkeit der Richtung.«

Bleibt unsere eigene Perspektive verengt, verliert die Menschheit die Perspektive, auf deutsch gesagt: die *Aussicht.* Entweder wir lernen, planetarisch zu denken, oder wir werden an unserem provinziellen Denken kaputtgehen. Wir müssen »neues Denken« zu neuem Verhalten fortentwickeln, oder die Selbstdestruktion schreitet fort, und uns wird Hören und Sehen vergehen.

Die Zeit drängt, sie wird zur Frist. Wir gestalten um, steuern um, kehren um, oder wir kommen um . . .

Frist ist Gefahr und Chance zugleich. Für die Lösung der Probleme gilt das geflügelte Wort: Der Teufel liegt im Detail. Aber, so muß man heute hinzufügen: Er geht aufs Ganze . . .

Wir müssen unsere *Ziel- und Wertbestimmung* verändern, politische, technische, ökonomische, juristische Maßnahmen müssen nachfolgen. Als erstes scheint ein Werte- und damit Bewußtseinswandel nötig zu sein. Es werden sich Prioritäten herausbilden, die den schwierigen Prozeß eines Wertewandels voranbringen. Ich gebe einige Beispiele für den nötigen Prioritätenwandel:

– vom ökonomischen Wachstumsinteresse zum ökologischen Erhaltungsinteresse;

– vom Interesse des Machterhalts einer allwissenden und allmächtigen Führungsschicht zur Entwicklung einer wirklichen Mitbestimmungsmöglichkeit aller;

– vom instrumentellen Herrschaftsinteresse über die Natur zur Ehrfurcht vor dem Leben;

– vom partikularen Selbsterhaltungsinteresse zu globaler Verantwortung;

– vom Zeitalter vorrangig technischer Erfindungen zu einem Zeitalter der gesellschaftlichen Erfindungen (Dazu böte die sozialistische Gesellschaft viele bessere Voraussetzungen als andere Gesellschaften, vorausgesetzt, sie gäbe ihr zentralistisches Einheitsprinzip auf und öffnete sich als »Probierfeld sozialer Erfindungen«.);

– von der *all*seitigen Abschaffung der Ausbeutung des Menschen durch den Menschen zur Abschaffung der *ein*seitigen Ausbeutung der Natur durch den Menschen.

Es geht darum, den Zeitpunkt nicht zu verpassen, an dem Probleme noch lösbar sind. Es gibt Probleme, auf deren Lösung wir nicht warten können, bis Personen abgelöst sind. Und hinterher spielen wir dann wieder die Klügeren, die es schon immer gewußt haben wollen.

## IV.
## Umkehren und Umgestalten in der DDR – Einführung zu den Thesen

1. In vielen Gesprächen in den letzten Monaten in unserem Gemeindekreis in Wittenberg haben wir die Ihnen nun vorliegenden Thesen formuliert, diskutiert, vieles gestrichen, anderes hinzugefügt. Was wir aufgeschrieben haben, mag nicht besonders originell sein, aber es ist unser Versuch, die Hauptprobleme so zu benennen, wie wir sie heute sehen. Wir versuchen, offen zu sagen, was wir denken, und hoffen auf offene Ohren.

2. Es sind Thesen zur gesellschaftlichen Erneuerung. Dies war unser Thema, nicht die individuelle Erneuerung, auch nicht die kirchliche, wiewohl auch dazu viel zu sagen wäre,

aber alles steht in einem Wechselverhältnis zueinander. Wir haben beobachtet, daß die Apathie in der Gesellschaft inzwischen so weit reicht, daß nur noch wenige mit zupacken wollen – selbst wenn sie könnten –, weil sie fürchten, dann für das verantwortlich gemacht zu werden, was sie anpacken. Wir halten dies für schlimm und werden von manchen für etwas verrückt erklärt, daß wir dieser Gesellschaft überhaupt noch eine Reformfähigkeit zutrauen.

3. Die Lösung der angestauten Probleme sehen wir erstens in der Offenlegung der Probleme, zweitens in der Umkehr des einzelnen aus Apathie und Selbstbezogenheit, drittens in der Umgestaltung von Strukturen, viertens durch breitestmögliche Partizipation der Bürger, die eine zukunftsversprechende Alternative unter der Überschrift »pluralistischer Sozialismus« aufbauen wollen.

4. Die Thesen sind eine Ermunterung zur Einmischung und zum Mitmischen in der Gesellschaft. Sage niemand, ihn ginge z. B. das Strafgesetzbuch nichts an, das sei Sache der Juristen. Das Strafgesetzbuch ist ein politisches Instrument, das auch nach politischen Erfordernissen angewandt wird, es ist eine jederzeit gegenwärtige Drohung. Diese Mitbetroffenheit und Mitverantwortung ließe sich an fast allen Thesen ähnlich darstellen.

Wir selbst sind Subjekte, die in jedem angesprochenen Problem je nach unseren Möglichkeiten einwirken wollen. Wir wollen keine Forderungen an andere erheben, sondern sehen den Einsatz für alle und durch alle als dringlich, nötig, erforderlich an.

Das Hauptproblem der gesellschaftlichen Erneuerung scheint uns darin zu liegen, daß wir in unserem Land in einem allgemeinen Anspruchsdenken gefangen sind. Dies führt die Regierung – wie auch andere Regierungen – zu Handlungszwängen. Die Befriedigung der Bedürfnisse wird zum Hauptanliegen. Fällige Gesetze, z. B. Umweltgesetze, werden kaum wirksam, wenn die kurzfristigen ökonomischen Interessen nicht zurücktreten hinter den Langzeitinteressen des Naturerhalts.

Wir sind von innen her kaputt. Sittliche Überlegungen und Reflexionen sind in unserem Land an den Rand gedrängt. Wir halten uns mehrheitlich an bestehende Gesetze, mehr aus Angst denn aus Einsicht. Wir sind *käuflich* geworden. Was etwas gilt, ist das, was sich zwischen Daumen und Zeigefinger ausdrücken läßt – in mehreren Währungen. So ist unsere Apathie im tiefsten vielleicht eine *Apathie gegenüber dem Sinn des eigenen Menschseins,* eine Reflexionsfaulheit, die sich nicht zuletzt darin ausdrückt, welche Filme populär sind, welche Fernsehsendungen gesehen werden.

Es gibt erfreuliche Aufbrüche. Das sind etwa Bücher von Aitmatow, Rasputin oder Christa Wolf. Aber im ganzen gesehen, sind wir immer noch einer primitiven Prometheus-Ideologie verfallen und weigern uns mehrheitlich – amtlich und persönlich –, die Folgen in ihrer ganzen Tragweite wahrzunehmen.

Datenwissen und sinnliche Erfahrung verdichten sich bei vielen zur Betroffenheit. Und persönliche, ins Innerste gehende Betroffenheit ist eine *Voraussetzung für Veränderung,* eine Veränderung, die das Ganze unseres Welt- und Selbstverständnisses erfordert. Inzwischen scheint es aber so weit gekommen zu sein, daß Betroffene andere unentwegt betroffen machen wollen. Und als Publikum sind die da, die selber schon »betroffen« gemacht sind. Betroffene kultivieren auf diese Weise ihre Betroffenheit, der wenig mehr folgt als Ohnmachtsgefühle und Depressionen. Erinnern Sie sich: Wie fühlten Sie sich nach »Abschied von Matjora« oder nach »Briefe eines Toten« oder nach der Lektüre von »Die Richtstatt« oder »Die Rättin«? Müßte nicht geschehen, was Christa Wolf als persönliche Konsequenz aus dem Wissen über die atomare Bedrohung gefragt hat? »Wenn die atomare Gefahr uns an die Grenze der Vernichtung gebracht hat, so sollte sie uns doch auch an die Grenze des Schweigens, an die Grenze des Duldens, an die Grenze der Zurückhaltung unserer Angst und Besorgnis und unserer wahren Meinungen gebracht haben.« Das gilt meines Erachtens nicht nur für die atomare Gefahr.

Es geht insgesamt darum, das Schweigen aufzugeben und

auf die schwierige Lösungssuche zu gehen, wofür wir eine sinnvolle, eine lohnende *Zielperspektive* brauchen. Es kann nicht zuerst um die Frage gehen, was wir erreichen, sondern ob wir in die richtige Richtung gehen. Wer sich aufmacht und das Schweigen überwindet, der wird auf »Eumelos« treffen, diesen stets austauschbaren, gesichtslosen Allerweltsmenschen, dem die hohl gewordenen Sicherheitsinteressen »Trojas« über alles gehen, der eine »Helena« zu schützen vorgibt, die es gar nicht mehr gibt . . .

Es ist bitter, zu erkennen, daß wir genau in einer Zeit, da die materiellen Bedürfnisse in einem Maße befriedigt werden, wie es sich Menschen vor hundert Jahren noch nicht vorstellen konnten, unser »Dichten und Trachten« *nicht auf anderes, sondern auf »mehr« richten.* Unersättlich erweist sich der Mensch. Wir haben daran teil.

## Thesen zum Kirchentag in Halle 1988

1. Weil wir uns als Christen in der Freiheit und Bindung des Glaubens mitverantwortlich und damit auch mitschuldig fühlen für das, was aus diesem Lande wird, halten wir es für nötig und geboten, daß wir unsere Angst, unser Mißtrauen und unsere Erwartungslosigkeit überwinden, die Chancen der Umkehr sehen und ergreifen und einen Freimut gewinnen, aus dem wir in kritischer Solidarität auf die Erneuerung unserer Gesellschaft drängen.

2. Weil sich in der Gesellschaft Gleichgültigkeit, Resignation und Stagnation ausbreiten und sich die Zahl der Menschen erhöht, die sich deshalb zurückziehen oder hier nicht mehr leben wollen, halten wir es für nötig, darüber offen zu reden und die gesellschaftlichen Rahmenbedingungen so umzugestalten, daß mehr Bürger gesellschaftliche Mitarbeit als sinnvoll erleben.

3. Weil sich auch in der Entwicklung sozialistischer Staaten gezeigt hat, wie es durch Bürokratismus und Amtsmißbrauch, Konformismus und Dogmatismus, Behördenwillkür und Obrigkeitsfurcht zur gesellschaftlichen Depression

kommt und dem Sozialismus in seinem Wesen geschadet wird, halten wir es für dringlich, solche Erscheinungen offenzulegen und auch bei uns auftretende Mißstände zu überwinden.

4. Weil jeder Bürger einen legitimen Anspruch auf umfassende Information über alle relevanten Lebensfragen hat, halten wir es für erforderlich, unsere Medienpolitik so zu verändern, daß die Komplexität und Widersprüchlichkeit der Wirklichkeit widergespiegelt wird, um eine eigene Urteilsbildung zu ermöglichen und bewußtes Handeln zu fördern.

5. Weil eine andauernde Erfolgsbilanz, die Sicht durch die »rosa-rote Brille«, das Weglassen bzw. Verschweigen von Fehlern, Mißständen und Wahrheiten nicht dazu anregen, angestaute Probleme in Angriff zu nehmen, halten wir es für dringlich, ein von Offenheit, Wahrhaftigkeit und kritischer Verantwortungsbereitschaft geprägtes gesellschaftliches Klima zu schaffen.

6. Weil das bisherige Wahlsystem den Wettstreit behindert hat, halten wir es für erforderlich, bei allen Wahlen erkennbare Entscheidungsmöglichkeiten zwischen mehreren Kandidaten zuzulassen.

7. Weil ein gesellschaftliches Bewußtsein sowie eine staatsbürgerliche Mitwirkung nur von Bürgern erwartet werden können, die sich als mündig erfahren, halten wir es für erforderlich, die Mitbestimmungsmöglichkeiten in allen gesellschaftlichen Bereichen spürbar zu erweitern, die Entscheidungen von Behörden zu begründen und damit einsichtig zu machen.

8. Weil sich das Eingabengesetz nicht als hinreichend erwiesen hat und Behördenentscheidungen schwer anfechtbar geblieben sind, halten wir es für erforderlich, eine unabhängige Verwaltungsgerichtsbarkeit einzurichten.

9. Weil das Strafgesetzbuch und der Strafvollzug in vielem dem humanistischen Menschenbild und den Idealen einer neuen Gesellschaft nicht entsprechen, halten wir es für erforderlich, eine Revision in Sprache, Inhalt und Praxis vorzunehmen.

10. Weil nur eine lebendige Kultur des Streits um die

Wahrheit und um den besten Weg des menschlichen Miteinanders zu einer humanen, gerechten und überlebensfähigen Welt führt, halten wir es für erforderlich, daß die Kommunisten auf das mit Macht ausgeübte Wahrheitsmonopol und auf den prinzipiellen gesellschaftlichen Überlegenheitsanspruch verzichten.

11. Weil die nach außen gerichtete Friedenspolitik unseres Landes dann glaubhafter und wirksamer wird, wenn sie mit der gleichen Beharrlichkeit auch innerhalb der Gesellschaft gewährt wird, halten wir es für dringlich, im gesamten Erziehungskonzept vom Kindergarten bis zur Berufsausbildung und darüber hinaus aus dem jetzigen System der Wehrerziehung in ein neues System der friedlichen Konfliktbewältigung überzugehen.

12. Weil der Olof-Palme-Friedensmarsch in der DDR neben seinen abrüstungspolitischen Impulsen ein erster öffentlich wirksamer Schritt zur Überwindung der inneren Abgrenzungspraxis von Staat und Kirche war, halten wir es für erforderlich, diesen offenen und öffentlichen Dialog zur Vertrauensbildung zwischen den Völkern und in unserem Land weiterzuführen.

13. Weil es ein unbegreiflicher Anachronismus ist, wenn ausgerechnet die Grenzen zwischen den sozialistischen Staaten so wenig durchlässig sind, halten wir es für erforderlich, die politischen, sozialökonomischen, juristischen und geistigen Bedingungen für die Freizügigkeit der Begegnungen zu schaffen.

14. Weil es auch bei uns Abwehr oder gar Überlegenheitsgefühle gegenüber Menschen aus Osteuropa und aus der Zweidrittelwelt gibt, halten wir es für erforderlich, die Vorurteile auf allen Ebenen zu bearbeiten und mehr Möglichkeiten für gegenseitiges Verstehen und Verständigung zu schaffen.

15. Weil wir in einer vielfältig verflochtenen Welt leben und auch der Ferne unser Nächster geworden ist, halten wir es für nötig, unsere Orientierung auf die materiell arm gemachten Völker statt auf den reichen Westen zu richten, eine Kultur des Teilens einzuüben, das Konzept »Abrüstung

für Entwicklung« konkret zu unterstützen und auf eine gerechte Weltwirtschaftsordnung hinzuwirken.

16. Weil unser machtförmiger Umgang mit der uns umgebenden Welt uns angesichts seiner zerstörerischen Folgen ohnmächtig zu machen droht, halten wir es für dringlich, einen grundlegenden Bewußtseinswandel durch eine gesamtgesellschaftliche Diskussion über die vitalen Herausforderungen der Zukunft zu beginnen, unsere bisherigen gesellschaftlichen Zielsetzungen zu überprüfen, ein »neues Denken« zu entwickeln und nach lebensverträglichen Werten und Verhaltensweisen zu suchen.

17. Weil das Bewußtsein für den wahren Wert der Produkte gering ist, halten wir es für erforderlich, die Preise für Grundnahrungsmittel, Wohnungen und Energie so zu gestalten, daß nicht weiter achtlos damit umgegangen wird.

18. Weil Energiesparen eine der Hauptaufgaben unserer Wirtschaft sein muß und die Energieverschwendung noch immer unvertretbar hoch ist, halten wir es für dringend erforderlich, alles für die Senkung des Energieverbrauchs zu tun, indem konsequenter über Aufwendungen und Gefahren der Energieerzeugung informiert, die materiell-technische Basis zur rationellen Energieausnutzung geschaffen und alternative Energiegewinnung und deren Nutzung materiell stimuliert wird.

19. Weil wir die Erde unseren Kindern und Enkeln lebenswert zu hinterlassen haben, halten wir es für dringlich, daß gerade in einem sozialistischen Land der Konflikt zwischen Ökologie und Ökonomie keinen Verlierer mehr hat.

20. Weil die kommende Generation auf die bedrängenden Zukunftsprobleme vorbereitet werden muß, halten wir es für erforderlich, daß der Erziehungs- und Bildungsprozeß kreativer, naturnäher und ganzheitlicher wird, die Ehrfurcht vor dem Leben Priorität bekommt vor der Herrschaft über das Leben und Übungsfeld wird für »gesellschaftliche Erfindungen«.

*(Die Thesen wurden von 16 Mitgliedern eines Wittenberger Friedenskreises erarbeitet.)*

# Unsere Zukunft hat schon begonnen

*Predigt zum Umwelttag in Deutzen, Juni 1988*

Nichts in der Geschichte wiederholt sich, aber genauso wahr ist: Nichts in der Geschichte ist ohne Vorbild.

Wer Ohren hat zu hören, der höre.

Ungefähr 550 vor Christus, ein jüdisches Ghetto in Babylon. Der Prophet Jesaja kündigt mitten in der drückenden Gefangenschaft, der »Babylonischen Gefangenschaft«, der Zeit neunundvierzigjähriger Hoffnungslosigkeit, die Befreiung an. Eine Befreiung, die aber alles andere ist als Zuckerlecken. Sie wird mühevolles Wiederaufbauen des Zerstörten sein – aber das Volk wird aus der Apathie erwachen. Die bisherigen stets Babylon ergebenen Staatsorgane werden langsam in »Rente« gehen, weil sie den Umschwung nicht mehr verstehen können. Eine solche Befreiung, einen solchen Neuanfang, erwartet der Prophet von Kyros, dem Großkönig aus dem Osten, der überraschend und erfolgreich auf die Bühne der Weltgeschichte gekommen ist und den der Prophet – gewagt! – als Werkzeug Gottes, als »mein Hirte« tituliert, obwohl Kyros keineswegs ein Jahwe-Gläubiger, sondern eher der Vertreter einer typischen Licht-Finsternis-Religion ist, aber ein Mann, der Toleranz übt, der die unter babylonischer Herrschaft leidenden Völker freigibt, ihre Eigenständigkeit wieder ermöglicht. Auch Israel darf wieder seinen Weg gehen, kehrt aus Babylon an den Zion zurück (wie die Krimtataren aus Sibirien). Ihm, dem Kyros, ist es zu verdanken, daß wieder aufgebaut werden kann, was unter der verknöcherten Staatsmaschinerie Babylons kaputtgegangen ist. Der Tempel darf wieder errichtet und seiner ursprünglichen Bestimmung zugeführt werden. Auch die geraubten religiösen Schätze werden zurückgegeben.

Jesaja sieht das alles als Gottes verborgenen Auftrag an Kyros an. Gott handelt durch ihn, der – wörtlich! – »den Königen das Schwert abgürtet, der die Türen öffnet und verschlossene Tore ..., der die eisernen Riegel zerbricht ...« (Jesaja 45,1 ff.) Und auf die Frage, ob Kyros Erfolg haben wird, antwortet der Prophet: »Sein Weg soll ihm gelingen.« (Jesaja 48,15 f.)

Dabei ist Kyros nicht Gott. Aber Gott erwählt sich Kyros. Und Kyros muß deshalb nicht jahwegläubig werden. Gott gibt in unerhörter Weise durch Kyros den Völkern eine neue Zukunftperspektive. Aber, so wird berichtet, beim Aufbau auf die alten Fundamente gibt es Schwierigkeiten mit dem alten Apparat aus der Nebukadnezarzeit. Die Freude über das Neue, das seit Kyros begonnen hat, wird längst nicht von allen geteilt. Und das Volk ist in seiner Mehrheit apathisch und glaubt nicht, daß was draus werden kann. »Ob das alles Zweck hat?« fragt man. »Ob nicht sowieso alles wieder kaputtgeht?« – »Ob es lohnt, sich einzusetzen?« Viele haben sich in der langen Zeit in den Verhältnissen eingerichtet, in denen man sich – zugegeben – kein Bein auszureißen brauchte.

Ein Streit um Sinn und Unsinn der Menschen- und Weltgeschichte ist entbrannt, der Streit der Jahrtausende, den Gottfried Benn einst in den Reim gebracht hat:

> Durch soviel Formen geschritten,
> durch Ich und Wir und Du,
> doch alles blieb erlitten
> durch die ewige Frage: Wozu?
> ...
> Ob Rosen, ob Schnee, ob Meere,
> was alles erblühte, verblich,
> es gibt nur zwei Dinge: Die Leere
> und das gezeichnete Ich.

Dies ist das Credo des Nihilismus. In ein solches Zeitklima hinein schreibt der Prophet eine Widerrede, die Widerrede des Glaubens:

»Der Herr, der einzige Gott, hat Himmel und Erde gemacht. Er hat die Erde fest gegründet, und er hat sie nicht geschaffen, damit sie wüst und leer – tohu – sein soll, sondern damit seine Geschöpfe auf ihr wohnen können. Und dieser Gott sagt: Ich bin der Herr, es gibt keinen anderen Gott. Ich habe nicht im Verborgenen geredet und nicht in die Leere gesprochen. Ich habe zu den Nachkommen Jakobs nicht gesagt: Sucht mich vergeblich! Was ich, der Herr, sage, ist zuverlässig; was ich ankündige, das geschieht. Kommt alle her, die ihr übriggeblieben seid, als eure Völker untergingen! Kommt zur Gerichtsversammlung! Wer Götterbilder aus Holz mit sich herumträgt, wer sich abschleppt mit den Klötzen von Götzen, hat keinen Verstand; er betet zu einem Gott, der nicht helfen kann. Beratet miteinander, was ihr zu eurer Verteidigung vorbringen könnt! Wer hat seit langem angekündigt, was nun geschehen ist? War nicht ich es, der Herr? ... Kommt zu mir und laßt euch helfen, ihr Menschen der ganzen Erde!«

Dies ist ein Disputations-, ein Streittext.

Was wird bestritten? Worauf beziehen sich diese steilen Gegenbehauptungen?

Gott wird von anderen sein Gott-Sein bestritten! Jesaja sagt: Gott ist es, der Himmel und Erde geschaffen hat. Nicht Geschaffenes, weder Mond noch Sterne, noch kunstvolle Gegenstände, noch sich vergöttlichende Menschen – etwa in Mausoleen – sind Gott. Gott ist universal und einzig.

Diese Erde ist von Gott gebildet, geformt, erhalten. Sie ist nicht Produkt eines Zufalls. Und wir Menschen sind nicht »Zigeuner am Rande des Universums«. Dahinter steht vielmehr ein Wille, ein guter Wille.

Die Erde ist geschaffen, nicht zum »tohu«, zum Chaos, zur Leere, zur Sinnlosigkeit, zur Wüste, zur Ödnis, zum Dreck, sondern sie ist dazu da, Wohnraum zu sein. Bewohnbarkeit ist Schöpfungsziel.

Ich hab dies beim Nachdenken über diesen Text zum ersten Mal bewußt aufgenommen: Die Erde ist geschaffen, daß die Menschen darauf wohnen sollen. Sie ist so geschaffen, daß sie bewohnbar ist für das unbehauste Wesen Mensch. Also durchaus eine Heimat, eine Heimat für alle

Menschen, für alle Geschöpfe. Die Erde ist also bewohnbares Haus, nicht nur die Häuser, die wir darauf gebaut haben. (Merken Sie, daß ein »anderer Kyros« auch so ein Bild aufgenommen hat von der Erde als gemeinsamem Haus für alle – Gemeinsamkeit trotz vieler Unterschiede?) Und dieser Gott, der die Erde bewohnbar gemacht hat, sagt: Ich bin der einzige, der Gott genannt werden kann.

Was aber ist Bewohnbarkeit? Ich habe einmal im großen »Grimm« nachgeschaut, was dort unter Wohnen steht. Und was fand sich da? Wörter für wohnen: bleiben, ausharren, sich wohl fühlen, sich wohl befinden, verweilen, sich an einer Stelle wohl befinden, ja: befriedet sein.

*Was gehört zur Bewohnbarkeit?*

– Daß die Erde ihren Ertrag bringt und wir uns nähren können, daß wir uns nicht durch die räuberische Art zu produzieren und uns zu nähren die Lebensgrundlage entziehen;

– daß die Erde schön ist und wir uns auf ihr wohl fühlen, daß wir ihr Angesicht nicht verschandeln;

– daß wir sicher sein können, daß ihre natürliche Ordnung nicht zerstört wird, nicht ins Chaos zurückfällt;

– daß wir das Überkommene für die Nachkommenden bewahren und die Erde bewahrenswert bleibt, so daß wir sagen können: Hier möchte ich begraben sein, hier ist der Schöpfer zu preisen, der Leben nimmt, der Leben gibt.

Wir verkehren die Schöpfungsabsichten, wo wir die Erde unbewohnbar machen. Gott ist der universale Wohnraumbeschaffer oder einer, der der Erde die Wohnlichkeit in den Schoß gelegt hat. Und wir müßten uns heute fragen: Was legen wir ihr in den Schoß?

Eine zweite Bestreitung des Propheten folgt, die Bestreitung des Satzes, Gott hätte mit seinen Verheißungen ins Dunkle und Nichtige geführt. Dazu der Prophet: »Gott hat nicht gesagt: Sucht mich im ›tohu‹, im Chaos, im Sinnlosen!«

Gott läßt sich finden, aber nicht im »tohu«! Und schließlich fordert Gott auf, daß alle sich versammeln, alle, die noch einmal davongekommen sind . . ., die sich aber weiter abschleppen mit ihren *Klotz-am-Bein-Ideologien* und nicht weiterkommen.

Gott lädt sie alle ein, alle Völker, sich von ihren Ideologien zu lösen und sich *ihm* zuzuwenden. Nicht an ein totes Prinzip »Gott« sollen sie sich wenden, sondern an den, der die Erde bewohnbar gemacht hat.

Das hieße, sich abzuwenden von einer Ideologie und einer Praxis, die die Schöpfung zerstört. *Zerstörte Schöpfung ist praktischer Atheismus,* ist die Idee, die zur materiellen Gewalt geworden ist, indem sie die Massen im Herrschafts- und Konsumrausch ergriff. Die Massen? *Uns.*

Hier, bei euch heute – und ich wage das kaum zu sagen – ist so schönes Wetter, die Schöpfung erholt sich hier, und man denkt, es ist gar nichts weiter, wir sind hier in einem schönen Grüngürtel; aber hier ist die Grenze der Bewohnbarkeit schon erreicht. Ich habe die Gegend zu anderer Zeit erlebt und weiß von den Menschen, die hier wohnen müssen, was sie aushalten ... Ich habe den Eindruck, daß wir hier schon am ökologischen Krankenbett, wenn nicht gar am Siechenbett der Republik stehen. Und Ihr, die Ihr hier lebt, seid nicht der Wahrheit Gewürdigte. Das finde ich unwürdig. Hier in dieser Gegend droht der Schöpfungssinn umgekehrt zu werden. Kaum einer von uns kann sagen, daß er schuldlos daran sei.

Ihr lebt schon in der »Zone«, die im »Stalker« Filmvision war, Ihr bezahlt den wahren Preis schon, den wir weitab uns noch verschleiern können. *Ihr zahlt die Zeche, aber wir alle trinken.* Was hier geschieht, geschieht dem ganzen Land. So werden wir schuldig an unseren Vor- und an unseren Nachfahren. Unser Energiehunger hat die Bewohnbarkeit aufgefressen. Wir haben uns in die Erde hineingewühlt, sie ausgekohlt und ausgesaugt, die Natur gebeutelt – indem wir uns Konsumsubventionen gefallen lassen und für Ökologieinvestitionen kein Geld haben. Das ist eine der Klotz-am-Bein-Ideologien, an denen wir leiden, *eine* nur.

Der unsägliche Dreck in unserer Atemluft und in unseren Flüssen und die wachsenden Wüsten allüberall werden zum Bumerang, der uns heute in kleineren, morgen in größeren Katastrophen erreicht. Fast überall ist das Maß verloren: wir überweiden, überfischen, überdüngen, überrüsten ... Verleugnen, Verschweigen ist nicht nur eine unwürdige, sondern eine *untaugliche Lösungsstrategie,* auch wenn sie aus der Absicht erfolgt, uns als Schutz- und Schonungsbedürftige zu behandeln, die man nicht entmutigen darf. Oder haben die staatlichen Verantwortungsträger Angst, für alles verantwortlich gemacht zu werden, und trösten sich mit dem Glauben, sie hätten uns alles gegeben, und sie hätten »immer recht«? Wer sich »allmächtig« fühlte, muß jetzt offensichtlich verschweigen, was nicht gegangen ist, wo er ohnmächtig geworden ist. So muß diese Allwissenheits- und Allmächtigkeitsideologie aufgegeben werden, ehe der Mut zur Wahrheit wiedergewonnen werden kann. Ihre wissenschaftlich drapierte Unfehlbarkeitsideologie ist so ein *Klotz am Bein,* der hindert, weiterzugehen in die Bedingungen des dritten Jahrtausends. Die Wahrheit über das Ausmaß der Gefährdung wäre bestürzend und befreiend zugleich. Und wir alle müßten den Preis bezahlen, und ich bin nicht sicher, ob wir schon wissen, wie hoch er ist, und ob wir bereit wären, ihn zu zahlen. Ich bin, für mich gesagt, da unsicher.

Gesagt wäre aber noch nicht getan, aber ungesagt wird erst recht nichts getan. Das Bewußtsein aller muß so vorbereitet sein, daß einsichtsvolle, auch schwierige Schritte politisch möglich werden. Und so fängt das Problem doch bei der Information an, kann aber da nicht aufhören. Das sehen wir an der Informationsüberflutung im Westen. Da kann man alles wissen, aber geschehen tut auch recht wenig.

»Kommt, ihr Entronnenen«, sagt der Prophet, »endlich, versammelt euch, beratet euch!«

Wir brauchen den *Dialog der universalen Überlebensvernunft,* um uns und unseren Nachfahren die Bewohnbarkeit zu erhalten, und dazu gehört der Erhalt dessen, was wir Natur nennen. Aber wir haben Klötze am Bein, und die Verantwortungsträger haben sie auch am Bein.

Ich will es ihnen nicht vorwerfen, aber ihre *Wirklichkeitsallergie* hat schon etwas Bedrückendes. Ich lese, vorgestern, wie sie sich abschleppen mit ihren schönen alten Wunschbildern – sich selber treu –, wie sie mit ungetrübter, wir sagen: rosaroter Zukunftsbrille ihre Karawane ziehen, unbeeindruckt von den Erschütterungen, auch den hoffnungsvollen, besserwisserisch . . . Stagniert das Denken, stagniert die Entwicklung. Werden dieselben Worte von vorgestern heute noch als neu und frisch angegeben, wo jeder sieht, daß sie eher alt und hager geworden sind – wer will da noch mitziehen in das neue Jahrtausend?

Wo die Last drückt, und dir wird gesagt: »Was? Sie drückt? Uns nicht!«, da muß ich fragen: »Wo lebst du denn?«

Sieh doch, lese ich: »Es wird immer besser, wir müssen nur noch mehr . . ., wir gehen doch immer weiter auf dem bewährten . . ., wir haben schon damals das Richtige getan. Die Städte werden immer schöner, die Dörfer immer vielfältiger, die Ackerbodenbearbeitung wird weiter verbessert.« Und so weiter, und so fort. Es erweist sich heute »mehr denn je«, wie richtig alles war und ist. Die Volksweisheit hat dafür eine Redewendung gebildet: Zu schön, um wahr zu sein!

Und ich füge hinzu: Ich werfe euch, die ihr so etwas schreibt (übrigens hüben und drüben, Brecht nannte solche Leute »Weißwäscher«), ich werfe euch den Irrtum nicht vor, aber daß ihr daran festhaltet!

Wenn sich die politischen, technischen, finanziellen, pädagogischen Prioritäten nicht zugunsten des Naturerhalts verändern, fürchte ich, verlieren wir unsere konstruktiven Kräfte in einem folgenlosen Betroffenheitskult, der in »Störfällen«, »Richtstätten«, »Matjora-Abschieden« und in »Ratten«-Apokalypsen Sprache findet. Jeder liest es für sich, bis wir, und Christen zumal, aus lauter Depression zu keiner Aktion mehr fähig sind. Also brauchen wir die Veränderung der Prioritäten und dürfen auch nicht mehr weiter einem »Betroffenheitskult« frönen. Vielmehr muß die Prioritätenänderung im *Bewußtsein* jetzt in die gesellschaftliche *Wirklichkeit* hinein. Das Risiko trifft doch alle. Also brauchen wir alle Beratung, um nicht weiter ratlos abwarten zu müssen.

Umweltminister müßte dann heute jeder Minister sein, aber sie, die sich »Umweltminister« heißen, geben sich hüben wie drüben immer noch als problembewußte Volksbeschwichtiger. Das reicht nicht aus. Was z. B. zum Weltumwelttag in der Zeitung stand ... Schön, daß überhaupt was drin stand, aber *was* darin stand, was z. B. der Professor Umweltminister zum Robbensterben zu sagen hatte, kann ich nicht anders nennen als Volksbeschwichtigung. Das muß sich ändern, das sind Klötze am Bein, die uns hindern, in die Zukunft zu gehen.

Wir brauchen Beratung, dringend, so etwas wie hier an vielen Orten des Landes, und nicht nur unseres Landes. Wir brauchen Beratung, gemeinsame Beratung, über das Götzenbild, unser Götzenbild eines Wohlstandes, der die Bewohnbarkeit des Planeten territorial und großräumig, ja global gefährdet. Die Nordseerobben, die niedlichen Tiere, die uns allabendlich auf dem Abendbrottisch serviert werden, sind auch unsere Opfer. Unser Abendbrottisch – und das müssen wir uns irgendwie eingestehen – hängt mit dem Robbensterben zusammen.

Deshalb brauchen wir das universale Überlebenskonzil. Zur Vorbereitung – und das sage ich jetzt hier denen, die sich unter uns Christen nennen – brauchen wir zunächst Klarheit über unsere täglichen zerstörerischen Klotz-am-Bein-Ideologien. Also z. B. Besinnung über den Betonkult der Eigenheimbesitzer, über den Autokult unserer Zivilisation (wir wünschen uns auch noch mehr und bessere Autos). Wir brauchten Klarheit über die Funktion der flimmernden Hausaltäre, die uns allabendlich 95prozentig vorglitzern, wie schön es woanders ist ...

Und das fehlt uns dann an Kraft für unser Land.

Und dann gibt es so nihilistische Glaubenssätze, die ich immer wieder höre, und die auch in mir stecken:

»Ich kann sowieso nichts machen!«

»Aber Kind«, sagt die Mutter, »du mußt doch an deine Zukunft denken und nicht immer auf den Pfarrer hören.«

»Was soll das?«

»Das ist nicht meine Sache.«

»Da sollen die erst mal da oben ...«

»Sollen die erst mal da drüben ...«

»Oder willst du auf etwas verzichten?«

»Schlimmer kann's doch nicht mehr werden!«

»So schlimm kann es doch nicht sein!«

An diesen Glaubenssätzen unserer Apathie-Religion gehen wir zugrunde.

Aber es gibt Aufbrüche, erstaunliche, hoffnungsvolle Aufbrüche. Der Direktor der sowjetischen Nachrichtenagentur, Valentin Falin, erläutert solche Klötze-am-Bein, denen er das neue Denken entgegenstellt:

»Vor allem bedeutet das neue Denken, die kritische Urteilsfähigkeit weiterzuentwickeln. Was geschieht im eigenen Haus und um das eigene Haus herum, und was geschieht überhaupt in der Welt? Deshalb liegt der Schlüssel zur Erneuerung im Menschen selbst. Die Welt hat sich gewandelt und wandelt sich weiter, das müssen wir beobachten und überlegen, ob die uns aus der Vergangenheit überkommenen Axiome und Dogmen den Herausforderungen der Gegenwart noch entsprechen. Bei dieser Überprüfung haben wir mit viel Mühe und auch manchen Enttäuschungen entdeckt, daß manche bei uns festgeschriebene Dogmen nicht gerade die besten waren. Ich würde sogar noch weitergehen und sagen: Dogmen sind im Grunde überhaupt falsch. Es sind Fetische. Es sind – ich möchte richtig verstanden werden – psychologische Ikonen, die zur ewigen Anbetung auffordern und ein individuelles Denken behindern, das nötig wäre, um Antworten auf neue Herausforderungen zu finden.«

Da ist einer, der hat sich vom Klotz am Bein befreit. Falin sagt weiter:

»Das Verhalten der Natur gegenüber ist eine Schande für die heutige Generation, weil wir damit auf Kosten der nächsten leben. Wir sind auf dem besten Wege, unseren Enkeln und Urenkeln einen krebskranken Planeten zu hinterlassen. Das ist keine Übertreibung, wahrscheinlich sogar eine Bagatellisierung dessen, was heute geschieht. Alle diese Erkenntnisse führen uns zu der Perestroika, zu dem neuen Denken.«[1]

Dahin möchte ich mich und uns gern mitgehen sehen. Ähnlich sprach es der Schriftsteller Jurij Koch auf dem Schriftstellerkongreß 1987 aus: »Mit jeder Kalorie Wärme, die wir der Erde entnehmen, um sie bedenkenlos zu verschwenden, wird es kälter um uns.« Und er hat dabei an seinen Heimatbezirk Cottbus gedacht.

Ich komme zum Schluß. *Wir selber haben mit uns Gericht zu halten.* Das wird hart *und* befreiend. Ich wage es kaum zu sagen: Wo Welt nicht mehr bewohnbar ist, können wir Gott nicht mehr zu uns einladen. Es gibt Orte, zu denen kann man Gott nicht mehr einladen. Und wo die Bewohnbarkeit zerstört ist, ist nicht mehr nach Gott zu fragen. Wir Menschen sind mit unserem Werk allein, ganz allein. Das, was wir an zerstörter Schöpfung erleben, ist nicht Strafgericht Gottes an uns, sondern unser Selbstgericht.

Aber der Prophet ist überzeugt: Gott will, daß es euch gut geht. Ohne Gott geht ihr ins »tohu«, ins Chaos, ins Nichts, in die Verwüstung, in den Dreck. Gott hat die Welt nicht als Tabula rasa, als leere Fläche geschaffen, sondern als Ort, wo man wohnen, bleiben, ausharren, sich wohl fühlen kann.

Tun wir etwas mit den Möglichkeiten, die uns gegeben sind, bevor es zu spät ist. »Kommt zu mir«, läßt der Prophet Gott sagen, »kommt zu mir und laßt euch helfen, ihr Menschen der ganzen Erde. Ich bin Gott und sonst keiner.« Und dies ist nicht als abgrenzende Ideologie gemeint, sondern als eine Einladung, als eine universelle Einladung. Gott stellt sich hier vor als das universalistische Lebensangebot und nicht als eine partikulare Ideologie. Gottesglaube wird zum Aufstand gegen jeglichen Nihilismus, den philosophischen und den ökologischen. Es soll nicht nur nicht Nichts sein – auch dieser Fleck der Erde zwischen Deutzen und Espenhain soll bewohnbar bleiben.

»Fürchte dich nicht, fürchte dich nicht«, wiederholt der Prophet, »ich bin mit dir. Die auf den Herren harren, kriegen neue Kraft, daß sie auffahren mit Flügeln wie Adler, daß sie laufen und nicht matt werden, daß sie laufen und nicht müde werden.« (Jesaja 40,31)

Schwestern, Brüder, laßt uns nicht müde werden.

Es geht um alle und alles. Vertraut, daß der zu euch steht, dem ihr vertraut. *Er hat euch die Bewohnbarkeit zugesprochen,* und deshalb dürft, sollt, müßt ihr sie auch praktisch einfordern, unermüdlich.

# Vorschläge und Anregungen zum IX. Pädagogenkongreß

*Brief an das Ministerium für Volksbildung vom 23. 3. 1989*

Als Vater von zwei Kindern, die ihre Schulzeit 1989 abschließen, in Erinnerung an meine eigene Schul- und Studienzeit und nach Gesprächen mit vielen Jugendlichen und Eltern möchte ich einige mir wichtige Vorschläge unterbreiten und bitte darum, sie in die Überlegungen und Entscheidungen des Pädagogenkongresses der DDR einzubeziehen.

1. Weil die kommende Generation auf die bedrängenden Zukunftsprobleme vorbereitet werden muß, halte ich es für erforderlich, daß der Erziehungs- und Bildungsprozeß kreativer, naturnäher und ganzheitlicher wird, daß die »Ehrfurcht vor dem Leben« Priorität bekommt vor der »Herrschaft über das Leben« und daß die Schule Übungsfeld wird für »gesellschaftliche Erfindungen«.

Die Bedrohung des Friedens durch lebenszerstörende Waffen nötigt (neben der konsequenten Abrüstungs- und Entspannungspolitik) zu einer breitgefächerten Erziehung zur Friedensfähigkeit; die ökologische Bedrohung im globalen und lokalen Kontext nötigt zu einer naturverträglichen Denk- und Verhaltensweise; die sich verschärfende Welthungerkatastrophe nötigt zu einer »globalen Solidarität« mit den heute und morgen Notleidenden. Wenn dies alles richtig ist, muß es Konsequenzen für eine zeitgemäße, d. h. zukunftsorientierte Pädagogik haben, aus der sich die Erwachsenen keinesfalls heraushalten können. Wir alle sind zum Umdenken und Umlernen herausgefordert – und dies in weltweiter Perspektive und in Zusammenarbeit mit allen Menschen, auch mit denen, die unsere Auffassungen nicht teilen.

2. Die Wiedereinführung des Faches Gegenwartskunde

sollte die Schüler auf die lokalen und globalen Herausforderungen des Überlebens, ihre Ursachen, Erscheinungsformen und Lösungswege aufmerksam machen. Das Wahrnehmen des lokalen Kontextes wäre dabei ebenso wichtig wie die sinnliche Anschauung in Verbindung mit praktischen Arbeitsaufgaben (z. B. neben kontinuierlicher Altstofferfassung auch Baumpflanzaktionen oder Waldpflegearbeiten; neben Kenntnissen über soziale Interessenkonflikte oder Klassenkämpfe sollten Kenntnisse moderner Konfliktforschung vermittelt und verschiedene Konfliktlösungen »durchgespielt« werden; neben der Geldsammlung für Solidaritätsaktionen sollten auch Gefühle des Mitempfindens und der Barmherzigkeit geweckt werden etc.).

3. Neben dem Kennenlernen, Verstehen und Selber-anwenden-Können der Erfolge, die Wissenschaft und Technik den Menschen gebracht haben, sollten die Schüler Folgeabschätzung lernen und alternative Lösungsmodelle kennenlernen. Denn die oft noch anzutreffende und undifferenzierte »Prometheusideologie« hat sich längst praktisch überholt. Nach meiner Erfahrung sind aber immer noch viele Lehrer davon beseelt, wodurch in der heranwachsenden Generation der Gegensatz zwischen dem, was sie sehen und erleben, und dem, was gelehrt wird, unüberbrückbar erscheint. Die Wahrheit und nichts als die Wahrheit sollte »unsere Stärke« sein.

Ein Vorzug des Sozialismus besteht nach meiner Meinung gerade darin, daß die Menschen nicht von ihnen fremden Interessen bestimmt werden und immer die Praxis Kriterium der Theorie ist.

4. Zur Findung von allgemeinmenschlichen Werten und ihrer konkreten gesellschaftlichen und individuellen Ausprägung sollte in das Fach Staatsbürgerkunde als Themenschwerpunkte einbezogen werden: Ethik und Rechtskunde, Weltanschauungen und Religionen, Philosophien und Anthropologie.

Ein fruchtbarer Dialog mit anderen Anschauungen durch

vorurteilsfreies Kennen- und Verstehenlernen sollte möglich werden. Dabei bedürften auch unsere Geschichtsbücher einer Revision. Dies schlösse auch den Verzicht auf die Behauptung ein, der Marxismus-Leninismus sei die einzig wissenschaftliche und darum wahre Weltanschauung. Dies müßte sich theoretisch und praktisch im offenen Diskurs mit anderen humanistischen Anschauungen erst erweisen.

Nicht zuletzt sollten Partnerschafts- und Erziehungsfragen mit den Schülern als zukünftigen Eltern in das Bildungs- und Erziehungsprogramm verstärkt einbezogen werden – wie überhaupt die Identitätsfindung und die Kommunikationsfähigkeit stärkerer Beachtung bedürfen.

Dabei ist deutlich, daß all diese Aufgaben nicht nur an die Schule delegiert werden dürfen, sondern nur im Zusammenwirken mit Elternhäusern und gesellschaftlichen Einrichtungen angepackt werden können. Unser Ziel sollte der in sich reiche Mensch, die allseitig und vielseitig gebildete Persönlichkeit sein, die sich selbständig und kooperativ mit tiefem Verantwortungsbewußtsein in die Gesellschaft einbringt und an Problemlösungen engagiert mitarbeitet.

Die Fächer Deutsch, Musik und Kunsterziehung (zusammen mit kreativen Tätigkeiten wie Theaterspielen, Malen, Musizieren) sollten größeren Raum bekommen (je eine Stunde mehr in der Woche). Hier lassen sich auch Inhalte des obengenannten einbeziehen.

5. Um die Selbständigkeit und Mündigkeit der Schüler zu stärken und sie sehr früh in die schwierigen Spielregeln einer funktionierenden Demokratie (mit sachbezogener Diskussion, demokratischer Entscheidungsfindung und verbindlicher Ausführung des Beschlossenen) einzuüben, sollte eine »Pädagogik der Zusammenarbeit« entwickelt werden, bei der der Schüler sich nicht mehr vornehmlich als Bildungs- und Erziehungsobjekt erfährt, sondern den Lehrer als Mitlernenden erlebt. Dies schließt eine weniger zentralistische Leitung der Schule, die Einrichtung unabhängiger Schülervertretungen (mit geheimer Wahl) und die flexible Handha-

bung von Lehrplänen und Lehrmethoden ein. Die Erfahrungen mit den Elternaktivs könnten gut integriert werden in die neuen Aufgaben.

6. Konkrete Veränderungsvorschläge innerhalb kurzer Zeiträume:

6.1. Größere und breitere Differenzierung der Schultypen und der Leistungsanforderungen, zum Beispiel von der 5. Klasse an Auffächerung in naturwissenschaftlichen und gesellschaftswissenschaftlichen bzw. sprachlichen Zweig.

Die Anforderungen sollten nach Leistungsvoraussetzungen und nach besonderen Begabungen gestaffelt werden. Der Zensurendurchschnitt als Maßstab läßt die speziellen Begabungen nicht genügend zum Tragen kommen.

Verschiedene Schultypen sollten füreinander durchlässig bleiben.

6.2. Der Sonnabend sollte in der Regel schulfrei bleiben.

6.3. Völlige Trennung von Sport und vormilitärischen Übungen. Außerdem sollte es wohl Leistungsanforderungen im Sport geben, aber die Benotung sollte zugunsten einer verbalen Einschätzung unterbleiben. Außerdem sollte der »Spielcharakter« des Sports einschließlich seiner kooperativ-kameradschaftlichen Aspekte stärker betont werden.

6.4. Überprüfung des gegenwärtig praktizierten Zensurensystems (ginge es nach den Noten, hätten wir ein riesiges Reservoir überdurchschnittlich begabter Menschen!). Es haben sich vielfach unrealistische Durchschnittsnoten ergeben, die kein wirkliches Leistungsbild mehr vermitteln. Im übrigen sollte schon von der ersten Klasse an noch mehr Wert auf verbale Einschätzungen gelegt werden.

6.5. Die Rückkehr zur Dreigliederung (wenn sich 6.1. nicht durchführen läßt!):

8-Klassen-Abschluß (mit der Möglichkeit eines 10-Klassen-Abschlusses im Rahmen einer Lehrlingsausbildung). Warum sollen sich viele Schüler bis zur 10. »durchquälen« und die Lehrer dazu?

10-Klassen-Abschluß (unter Beibehaltung der gegenwärtigen Möglichkeit, Abitur mit Berufsausbildung zu machen).

12-Klassen-Abschluß (wobei wieder vier Jahre vorzusehen sind und die Möglichkeit bestehenbleiben sollte, in der 10. abzubrechen – aber als Ausnahmefall. Offiziell sagen viele Lehrer, die gegenwärtige Regelung habe sich bewährt, inoffiziell sagen sie das Gegenteil. Hier findet eine ungute Teilung in dienstliche und private Meinung statt, die niemandem nützt.).

Diese Differenzierung käme den betroffenen Schülern, den Lehrern und letztlich der Gesellschaft sehr zugute, weil so jeder nach seinen Begabungen »gute Leistungen« bringen kann. Die 10-Klassen-Schule als Norm hat – neben unbestreitbaren gleichen Leistungschancen! – insgesamt zu einer Leistungsabschwächung durch Überforderung der einen und durch Unterforderung der anderen geführt.

*6.6.* Nach der Gründung des Freidenkerverbandes kann die Jugendweihe wieder aus der Schule genommen und zur Privatsache aus eigener Entscheidung werden. Die Teilnahme oder die Nichtteilnahme sollte dann auch weder offene noch verborgene gesellschaftliche Konsequenzen haben.

So kann die Schule wieder für alle als Schule für alle erlebt werden, in der die Ideologie der SED *eine* Ideologie ist.

7. Nicht zu übersehen sind alte und neue Probleme bei Jugendlichen und Kindern (Verhaltensstörungen, Aggressionen und Zerstörungswut, Alkohol, Interesselosigkeit und Verführbarkeit, Gefühlskälte und Bindungsprobleme, Kriminalität, Zukunftsangst – ja auch bei uns!). Wir Erwachsenen sind nicht von Mitschuld freizusprechen. Wir brauchen regelmäßige und offene Diskussionen über aktuelle Bildungs- und Erziehungsprobleme in unseren Zeitungen, im Radio und im Fernsehen, wobei die zu lösenden Probleme nicht nur nicht verschwiegen werden, sondern offen besprochen, analysiert und die möglichen Lösungswege aufgezeigt werden sollten. Die Mitverantwortung aller Glieder der Gesellschaft muß dabei gesucht werden.

Vor Jahren war »Elternhaus und Schule« ansatzweise ein

solches Forum des offenen Gesprächs. Könnte die Zeitung das in den 90er Jahren wieder werden? Ich hoffe es. Zum Beispiel könnte der Beitrag von Gennadi Jagodin, der die DDR im Januar 1989 zu einem Erfahrungsaustausch besucht hat, auf der XXI. Unionskonferenz zu grundlegenden Fragen einer zukunftsorientierten Volksbildung im Sozialismus als Anregung auch für Reformen in unserer Schule sein – ohne daß wir »kopieren« müßten!

Ich hoffe und erwarte, daß auf unserem Pädagogenkongreß Redebeiträge von ähnlichem Geist gehalten und dann veröffentlicht werden können – und vor allem, daß das handlungswirksam wird. Die Vorzüge des Sozialismus sind bisher nicht nur nicht ausgeschöpft, sondern oft noch verdeckt.

Ich hoffe auf belebende Impulse – allen Menschen in unserem Lande zugute.

# Die schwärende Wunde

*Rede auf dem deutsch-deutschen Forum beim Evangelischen Kirchentag in Berlin (West), Juni 1989*

Deutsche Grenzen. Diese Grenze, die Mauer, ist eine fortwährende Belastung, eine Last, eine schwärende Wunde für die Menschen in unserem Lande und für das Ansehen unseres Landes. Menschlich, politisch, auch ästhetisch. Viele Menschen fühlen sich buchstäblich eingesperrt in dieses kleine Land, von Verteidigungslasten gebeutelt. Das wissen die Regierenden auch. Die Mauer wird so lange bestehen, wie die Bedingungen fortbestehen, die zu ihrer Errichtung geführt haben, sagt der Staatsratsvorsitzende. Über diese Bedingungen muß von beiden Seiten erst einmal offen und nicht polemisch geredet werden.

Warum ist die offene Grenze, warum war bis 1961 die offene Grenze so unvereinbar mit der Stabilität der DDR? Und hat sie nicht eine Stabilität, wenngleich eine recht fragwürdige, hergestellt? Welches waren und sind die ökonomischen, welches die politischen Unvereinbarkeiten für ein offenes Nebeneinander? Hieß die Mauer bei uns bis vor kurzem noch antifaschistischer Schutzwall und wurde ihre Errichtung zu einer besonderen Friedenstat hochstilisiert, so wurde und wird sie hier zu einem wohlgefälligen Vorzeigeobjekt für jedwede Ablehnung des Sozialismus. So braucht sie wohl jeder!

Und ich frage euch Westberliner hier, ihr werdet sie hoffentlich nicht einmal vermissen. So schrecklich ich diese Grenze finde, so sehr bin ich gegen eine vereinfachende Sofort-Abriß-Rhetorik. Wem ist an Instabilität gelegen? Ich bin sogar nicht sicher, ob dann nicht auch sehr plötzlich der Ruf nach einer Grundgesetzänderungsmauer laut würde und auch Mehrheiten fände. Die Mauer ist niedriger und durchlässiger geworden durch beharrliche politische Schritte, mit denen Heinrich Albertz begonnen hat. Und daß so viele von uns jetzt hier sind, bei diesem Kirchentag, ist auch ein Zeichen dafür, daß sie niedriger, durchlässiger geworden ist und daß wir hier so reden, wie wir denken, ist auch ein Zeichen, daß sie so hoch nicht mehr ist.

Ich möchte daran erinnern, daß eine Voraussetzung für Entspannungspolitik der beiderseitige Verzicht auf Alleinvertretung war. Auf die Hallsteindoktrin haben wir mit dem Satz geantwortet: Die DDR ist der einzig rechtmäßige deutsche Staat, und Spötter haben damals einen Bindestrich dazwischen gesetzt. Erst als wir auf diesen gegenseitigen Alleinvertretungsanspruch verzichtet haben, war erfolgsorientierte Entspannungspolitik möglich, und nur so bleibt sie auch möglich.

Es hat sich als unfruchtbar erwiesen und wird sich als unfruchtbar erweisen, mit ökonomischer Überlegenheit oder militärischer Überlegenheit anstelle von Abrüstung und Zusammenarbeit weiterzukommen. Deswegen sage ich, Abrüstung ist Teil des Mauerabbaus. Ich würde sogar noch so weit gehen, zu sagen, sollten wir nicht die Bestimmungen des Potsdamer Abkommens wieder hervorholen und uns konsequent für ein entmilitarisiertes Deutschland einsetzen. Dann wäre ich auch wieder bereit, von Deutschland zu sprechen. Ich meine aber, daß das Ziel keine Grenzrevision sein kann, sondern eine Revision des Grenzreglements.

Und schließlich: Die Bedingungen, die *bei uns* in der DDR zur Errichtung der Mauer geführt haben, sind noch nicht beseitigt, und die Bedingungen, die bei uns dazu geführt haben, müssen bei uns und *von uns* so geändert werden, daß die Bürger sich aus Freiheit bei uns beheimaten und die Flucht- und Destabilisierungsangst überwunden wird. Als ein mündiger Bürger, der am Aufbau eines demokratischen Sozialismus mitwirken möchte, meine ich, daß ein anderer *Umgang mit Macht* und eine andere *Legitimation von Macht* unabdingbar und unaufschiebbar geworden sind.

Ich möchte Sie jetzt auf etwas aufmerksam machen, was mich sehr beschäftigt, wenn ich an die Grenze denke. Das Wohlstandsgefälle zwischen der Bundesrepublik und der

DDR hat zu einem Gefälle im Selbstwertgefühl geführt. In der Optik vieler Menschen bei uns und in der Bundesrepublik tritt dabei allzuleicht zurück, was die DDR in diesen vierzig Jahren für Menschen unter erschwerten Bedingungen auch geleistet hat.

Ich möchte aber auf ein Problem der DDR-Befindlichkeit aufmerksam machen. Wer erlebt, wie weit wir technisch, ökonomisch, auch ökologisch zurück sind, wer erlebt, wie er als DDR-Deutscher in Osteuropa zu spüren bekommt, welche Deutschen gefragt sind, wie unser Land immer noch in vielen Bereichen zum Hinter- oder Abfalland der Bundesrepublik wird, wer erlebt, wie die Bundesdeutschen die Semperoper besetzen, und nicht nur sie, wer erlebt, wie viele Menschen dies Land verlassen haben und noch verlassen, dem geht das an sein Selbstwertgefühl. Zunächst ist dies nur für Betroffene deprimierend. Ich denke aber, es ist längerfristig gefährlich, wenn so viele Menschen mit verletztem Selbstwertgefühl leben.

Die deutsche Frage muß kritisch bearbeitet werden, ehe sie eruptiv über uns kommt, wie es anderswo gegenwärtig schon geschieht, und dazu gehört auch das Problem des Selbstwertes und einer gelingenden Identität für beide Teile.

Der großdeutsche Traum, denke ich, ist ausgeträumt und sollte ausgeträumt bleiben. Dazu brauchen wir historische Erinnerungsarbeit für das europäische Unglück, das wir Deutsche ausgelöst haben. Sonst könnten unsere Nachbarländer wieder Alpträume bekommen. Die Städte heißen heute Trutnow, Wrocław, Gdańsk, Kaliningrad, und daran sollten wir Deutsche nicht rühren! Im fortgesetzten KSZE-Prozeß liegt unsere Zukunftschance. Das gemeinsame europäische Haus mit Ost- und Westflügel ist heute mehr als eine bloße Vision, wobei beide Flügel Umgestaltungen nötig haben. Ich will keine gesamtdeutsche Stube, aber zwei Räume, getrennt nur durch eine Schiebetür. Die Chance der *Einsprachigkeit* bei fortbestehender *Zweistaatlichkeit* liegt darin, die Ost-West-Sprachverwirrung (Frieden, Demokratie, Menschenrechte) entwirren zu helfen.

Ich beobachte, wie die Enkel des zweiten Weltkrieges unvergleichbar weniger bereit sind, Schuld zu übernehmen und die Suppe, die in Jalta (nein, schon 1919 und 1933) eingebrockt wurde, auszulöffeln. Deshalb brauchen wir im Grundansatz einen europäischen Geschichtsunterricht, nicht einen nationalen. Dabei darf weder das Ausmaß der Verbrechen Stalins verschwiegen werden, noch dürfen Hitler und Stalin selbstentschuldigend parallelisiert werden. Der eine praktizierte eine menschenverachtende Ideologie, der andere pervertierte einen großen Menschheitstraum.

Halten wir es mit Bertolt Brecht, der sagte: »Mögen andere von ihrer Schande sprechen, ich spreche von der meinen.« Hören wir nicht auf, von unserer Schande zu sprechen, und das sage ich als Christ. Wenn wir von unserer Schande wirklich gesprochen und sie angenommen haben, dann werden wir auch unsere Chancen finden, und die sind mehr als national, sie sind grenzenlos.

# Glaubwürdigkeit christlichen Handelns – aus der Sicht eines Pfarrers aus der DDR

*Beitrag auf dem Forum Glauben und Fragen beim Evangelischen Kirchentag in Berlin (West), Juni 1989*

Es ist nicht leicht, über die eigene glaubwürdige Existenz zu sprechen. Das könnte zur Selbstdarstellung oder zur Selbstdenunziation geraten. Glaubwürdigkeit kann sich wohl niemand selbst bescheinigen. Wir können sie erleben und anderen ein wenig Bestätigung schenken. Denn jeder braucht Anerkennung. Im Grunde sind auch die, die so selbst-sicher wirken, un-sicher, kämpfen mit tiefen Selbstzweifeln. Der Apostel Paulus meint sogar: Glaubwürdigkeit würde uns geschenkt. Jeder Selbst-Ruhm ist ausgeschlossen. Wer gibt dir einen Vorrang? Was hast du, was du nicht empfangen hast? Und doch ist es wichtig, daß wir Christen uns nach unserer Glaubwürdigkeit fragen und fragen lassen! Soviel zuvor.

Ich bin Deutscher in der DDR.

Ich bin Pfarrer in einer Evangelischen Kirche.

Ich bin Weltbürger in einer zerteilten Welt, einer zerrissenen und gefährdeten Welt.

Ich will aus meinem Umfeld heraus exemplarisch zu beantworten versuchen, was für mich der Versuch einer glaubwürdigen Existenz bedeutet.

Was wir sind, sind wir mit *unserer Lebensgeschichte*, der ganz persönlichen und der politischen. Immer wieder holt sie uns ein. Verdrängtes rächt sich. Und wir brauchen die Wahrheit, wenigstens die Wahrhaftigkeit im Blick auf unsere Geschichte.

Von Kindheit an, bis zum Ende meiner Schulzeit, mußte ich mich meiner Haut als Sohn aus christlichem Hause (aus »gläubigen Kreisen«) wehren. Ich wurde für die *Unglaubwürdigkeit der Kirche* in Geschichte und Gegenwart mitverantwortlich gemacht. Ich wurde angeklagt, ich sollte rechtfertigen, was nicht zu rechtfertigen war – oder eben selber von meiner Herkunft ablassen. Ich sollte sagen, wie ich zu etwas stehe, was ich noch gar nicht kannte: die Greuel der Kreuzzüge und Hexenprozesse, der Prozeß gegen Galilei und Hus. Im Adam-Affenstreit kam ich in die fortschrittsfeindliche und wissenschaftsfeindliche Ecke. Schöpfung oder Entwicklung? Gott oder Natur? Antikommunistische und militaristische Zitate des damaligen Bischofs aus Berlin-West wurden mir vorgehalten.

Ich merkte sehr früh, daß ich als Christ gemessen werde und daß ich Verantwortung für die Christengeschichte mit übernehmen müßte. Beim Erwachsenwerden begriff ich, warum Kommunisten gegenüber der Kirche als Teil der alten Welt und des restaurativen Bewußtseins so unversöhnlich waren und daß viele geduldige Arbeit nötig sein würde, bis Vertrauen wachsen könnte und wir uns gegenseitig Glaubwürdigkeit zugestehen können.

Ich bin im kalten Krieg aufgewachsen. Ich sah, was diese neue Zeit brachte. Ich habe die unsanfte sozialistische Umgestaltung auf dem Lande miterlebt. Was geschah, wurde als »gesetzmäßig«, nach Lehrplan der Geschichte gewissermaßen, ausgegeben. Was ich sah, war das Nachhelfen. Den befreienden Charakter konnte ich nicht so recht erkennen.

In der Schule erfuhr ich, welche falschen Absolutheitsansprüche, welche Dogmen, welche herrschenden Klassen es in der Geschichte gegeben hat und daß man *jetzt* die einzig wissenschaftliche Weltanschauung hätte, eine Partei dasei, die immer recht habe, und daß die Weltprobleme erst gelöst sein würden, wenn das alle richtig verstanden und überall unsere politischen Verhältnisse herrschten.

Und dann sah ich, wie verdächtig ähnlich dies die Kirche vertreten hatte, wie unsanft sie ihre Christianisierung des Ostens und Südamerikas betrieben hatte. Als Welterlösungsideologie – mit universalem Anspruch! Ich sah, wie tief die Feindbilder vom Kommunismus saßen und wie sie durch den Vorrat von Angst immer wieder Nahrung kriegten.

Ein Beispiel: Bischof Dibelius hielt noch Anfang der dreißiger Jahre den Faschismus deshalb für akzeptabler als den

Kommunismus, weil er wenigstens eine religiöse Grundlage habe.

Dies war mir für die Hintergrundbeschreibung des folgenden wichtig: Glaubwürdig werden wir, wenn wir für unsere Geschichte, für unsere Kirchen einstehen lernen ohne zurückschlagenden Rechtfertigungszwang. Ich begegnete als Glied dieser religiösen Institution mit höchsten Ansprüchen und Versprechen einer säkularen Institution mit höchsten Ansprüchen und Versprechen. Ich sah und sehe Übereinstimmungen und fruchtbar zu machende Differenzen.

Ich begriff, daß ich zur Nachkriegsgeneration eines furchtbaren Krieges gehörte, an dem mein Volk schuld war und dessen Folgen ich mit zu übernehmen hatte.

Ich wuchs auf in einem abgeteilten Land, das aus einer »Zone« erwuchs und das »Neue« zu repräsentieren beanspruchte. Und ich erlebte und erlitt, wie die Flucht aus diesem »Neuen« bis heute nicht aufhörte. Viele meinten, sie könnten in diesem System ihre Kinder nicht erziehen lassen. Unter denen, die weggingen, waren viele Christen, mir nahe Menschen, uns wichtige, unentbehrliche Menschen, kreative, kritische, begabte, verrückte, kaputte, manche auch voller Illusionen. Aber auch alte Schinder und neue Schinder, Wohlstandsbesessene und Systemgeschädigte. Linke, die *hier* dann schnell die »rechte Kehre« vollzogen haben. Das Verlassen des Landes behielt etwas Endgültiges, hinterließ auch das Gefühl des Verlassen- und Zurückgelassenseins. Ein Aderlaß für ein Land, das nicht so aussähe, wenn diese etwa 3 Millionen noch da wären, bei uns. Das Menschenrecht auf Ausreise ist auch ein schmerzliches Recht. Ich verstehe mein Bleiben in diesem Lande als Teil meines Versuchs zu glaubwürdiger christlicher Existenz mit offenem Ausgang. Ich lebe und bleibe in der DDR nicht aus Trotz, sondern aus Verpflichtung für konkrete Menschen und für ein Land und seine Geschichte. Und aus der Überzeugung, daß Sozialismus weit mehr ist, als engstirnige Doktrinäre und machtbesessene Bürokraten erkennen lassen, wie christlicher Glaube weit mehr ist, als eine Kirche erkennen läßt, deren traditionelle Farbe *schwarz* ist.

Probst Heino Falcke hat dies 1973 so ausgedrückt: »Wir wollen eine verbesserliche Kirche in einem verbesserlichen Sozialismus sein.«

Glaubwürdig sein heißt für mich: ein verläßlicher Partner im Streit, weder Akklamateur noch Provokateur, nicht in der Ecke notorischer Meckerer sitzen, sondern versuchen, den gegebenen Rahmen auszuschöpfen und zu erweitern, dieser Regierung aus lauter Verfolgten gerecht zu werden, an den Quellen des Sozialismus anzuknüpfen und nicht an seinen Verunreinigungen. Das alles hieß und heißt für mich: da bleiben, wo ich herkomme, und an dem Versuch festhalten, den Konflikt produktiv auszutragen, trotz bitterer Erfahrungen nicht zu verbittern.

Ich erlebte überzeugte und überzeugende, glaubwürdige Marxisten, voran Schriftsteller und Philosophen, die die platte Zweiteilung in Fortschrittliche und Rückwärtsgewandte nicht teilten, sondern mit auf der Suche nach der Wahrheit waren, die dem Menschen beim Menschsein nützt – voran Milan Machoveč und Bertolt Brecht, der 1958 in seinem Gedicht »An die Nachgeborenen« schrieb:

> Ihr aber, wenn es so weit sein wird,
> daß der Mensch dem Menschen ein Helfer ist,
> gedenkt unsrer
> mit Nachsicht.

# Laßt uns die Wahl!

*Rede in der Reformierten Kirche Leipzig,*
*4. September 1989*

Liebe Freunde, in einer aufgeregten und emotionalisierten Situation sich nicht anstecken zu lassen, sondern Ruhe zu bewahren, ist schwer. Ruhe in dem Sinn zu bewahren, daß wir bedächtig bleiben, uns den Blick nicht trüben noch vom Wesentlichen abwenden lassen. Ich spreche aus, was jetzt angesprochen werden muß, in der Hoffnung, daß die Zeit für den großen gesellschaftlichen Dialog noch nicht verspielt ist. Für alle, die hier weiter mitbauen wollen und nicht sagen, es war umsonst. So verzeihen Sie mir, wenn ich heute abend alle recht herzlich begrüße, die mit einem Sachinteresse und nicht mit einem Sicherheitsinteresse gekommen sind, und verzeihen Sie mir bitte, daß sich alle an der Diskussion beteiligen, die es weiter mit diesem Land und den Menschen hier wagen wollen. Für die anderen habe ich zwar Verständnis und eigentlich auch Traurigkeit, aber wir haben uns jetzt, leider, nichts Hilfreiches mehr zu sagen.

Ich war Studentenpfarrer in Merseburg, als die Schlußakte von Helsinki am 1. August 1975 abgeschlossen wurde. Da ging's los. Das Menschenrecht auf Ausreise. Wer zählt die Verluste? Die, die weggehen, sagen: Hier hat sich nichts Wesentliches verändert, jedenfalls nicht so wesentlich, daß wir sagen könnten: Ja, wir bleiben gerne. Ich meine, dennoch sind die, die gehen, Indikatoren unserer Gesamtsituation. Hier nehmen sie ihre Verantwortung nicht mehr wahr. Warum nicht? Ich glaube, weil sie das Gefühl haben, eher zerrieben als gebraucht zu werden. Ich sehe jetzt, wie die Generation meiner Tochter, die Achtzehn- bis Zwanzigjährigen, fragt: Sollen wir das genauso machen wie du und auch zwanzig Jahre warten oder gleich gehen? Das sitzt tief.

Die Mündel fliehen aus dem Haus des Vormunds. Plötzlich haben sie nach der durchstandenen Kommunalwahl im Mai freie Wahl, niemand zwingt sie. Sie folgen schnell der Lockung, einen bestimmten Zwang hinter sich zu lassen. Also, doch Mündel? Dazu gemacht? Ich vermute, daß es sich bei den meisten um erwachsene, geistig gesunde Bürger handelt. Ich wüßte schon gern, wie viele von ihnen noch am 7. Mai ihre Stimme den Kandidaten der Nationalen Front vertrauensvoll gegeben haben, oder sind in Ungarn alles Nichtwähler und Neinsager?

Eine Art Fieber, eine Torschlußpanik, eine Angst, das Leben in der Enge der Republik zu verpassen, ja – wohl auch eine gewisse Massenpsychose ergreift viele Menschen unseres Landes, und die Ausreisefrage wird zum Thema Nummer eins der Medien, die die DDR-Bürger sehen und hören. Die Reaktionen auf diese Medien stehen dann gelegentlich in Leserbriefen in unseren Zeitungen, die man wiederum nur verstehen kann, wenn man das andere vorher gesehen hat, also zwingen die Zeitungen uns, das zu sehen.

Die Ausreisefrage wird zum Thema Nummer eins auch bei jeder Verlobung. Verlockung, Abenteuer, Selbstbefreiungsschlag, Verführung? Was ist es? Jedenfalls ist es die Froschperspektive von bisher geduckten DDR-Deutschen, die wohl genug, aber noch nicht genug haben. Die gefügig gewesen sind, aber nicht überzeugt, die uns alle ganz vergessen lassen, wie in türkischen Gefängnissen gefoltert wird. Im Sommerloch der westlichen Medien spielt das kaum eine Rolle. Ich konnte mich davon überzeugen. Auch wird nicht mehr von Menschen berichtet in Rumänien, die da verschwinden, herzkrank und nicht mehr gesehen, oder wie es der Masse dort am Nötigsten fehlt in diesem »großartigen Agrarindustrieland«, wie ich lesen konnte. Vergessen läßt unsere, auch meine selbstbemitleidende DDR-Mentalität, daß Wälder sterben, Wasser verdirbt, die Luft dicker wird und unsere Verantwortung an dem Ort herausgefordert ist, an dem wir leben. Vergessen werden bei den Gesprächen die verdreckte Ost- und Nordsee, die sterbenden zehn- und tausendjährigen Eichen, die gülleverseuchten, stinkenden Felder, der überschalldurchrissene Himmel. Sie alle schreien nach Hilfe, und wir gucken, wann die Aktion losgeht in Ungarn. Wir Deutschen schreien nach VW und Freiheit oder nach Freiheit und VW, je nachdem. Jedenfalls wollen wir auch noch etwas vom längst problematisch gewordenen großen Wohlstandskuchen abbekommen, bevor sowieso alles zu spät ist, bevor das Mittelmeer eine Kloake, die Nordsee vollends versäuert und das Straßburger Münster zerbröselt ist. Ich kann das auch verstehen, und ich denke, dahinter steckt auch eine verständliche Panik, die viele ergriffen hat.

Nicht das Recht aufgrund der Wiener KSZE-Vereinbarungen wird auf diese Weise in der DDR erweitert, sondern es werden die Rechtslücken ausgenutzt. Nicht die Reform im eigenen Land wird vorangebracht, sondern die Reform in einem anderen Land eigennützig genutzt. Was zurückbleibt bei beiden, ist nicht mehr von Interesse. Wir sind krank und wohl alle infizierbar. So rächt sich an uns die politische Doppelexistenz. Wenn sie nun tausendfach fehlen, diese jungen Leute, die Fachleute, die Krankenschwestern . . ., — das dumpfe Gefühl der Ratlosigkeit in allen. Wir werden nur gesunden hier, wenn wir die Ursachen unserer Krankheit beseitigen, eine Hoffnungsperspektive für dieses Land sehen, das Gefühl eines echten, persönlichen, eigenständigen Gebrauchtwerdens haben und uns hier wohl fühlen, auch wenn uns vieles fehlen mag.

Wir werden nur gesunden, wenn wir uns erneuern, von innen und außen, außen und innen. Solange aber regierungszeitungsamtlich die Flüchtlinge in Anführungszeichen gesetzt, als verführbare Objekte dargestellt, als Verräter klassifiziert werden, deren Wert an den vom Staat in sie investierten Geldern bemessen wird, die sie jetzt nicht mehr dem Staat zurückgeben, und nicht als Personen, die wir verloren haben, so lange wird der Mensch staatliches Objekt der Begierde bleiben. Der Bürgermeister von W. sagt mir über einen Historiker unserer Stadt — vielleicht der wichtigste Mann, der in den letzten Jahren historisch gearbeitet hat in einer historisch nicht unbedeutenden Stadt —, der wegen Bevormundung dieses Jahr das Land verläßt: »Kein Verlust«, und er muß den Satz noch einmal wiederholen: »Kein Verlust, glauben Sie's, Herr Schorlemmer!«

Die Reform- oder Erneuerungsbedürftigkeit unseres Landes aber geht weit über die Reform- und Erneuerungsbedürftigkeit des politischen und wirtschaftlichen Systems der DDR hinaus. Sie betrifft uns alle, als Täter und Opfer, als Verursacher und Leidtragende einer selbstzerstörerischen Zivilisationsform, und daran haben wir alle teil. Ein Freund von mir war an der Müritz und hat mir erzählt, er traf Leute, die in Leipzig wohnen, die aber am Wochenende dann Dauercamper an der Müritz sind. So richtet der Leipziger alle seine Aktivität auf seine Wochenendgestaltung in schöner, noch möglichst heiler, naturbelassener Gegend. Er macht sich zweierlei nicht bewußt:

Erstens, wieviel er durch sein Freizeitverhalten zusätzlich zerstört, also etwa durch die Umweltsünde Massentourismus. Ich habe es gesehen! Die Autos fahren mit Surfbrett obenauf in die Strände der – von oben angeordnet – abgelassenen Müritz. Da fährt man dann sehr weit den flachen Sandstrand entlang, der durch das abgelassene Wasser entstanden ist, um surfen zu können. Doch fragen diese Leute auch, was ist denn mit der Müritz los? Wo ist denn das Wasser geblieben? Wer hat das veranlaßt? War es die Sonne, oder ist noch mehr abgelassen und warum? Oder: Was wird zerstört durch die Freiheit der Motorbootbesitzer, durch das Ausleben ihres Imponiergehabes, durch das Fehlen jeder ökologischen Rücksicht? Das ist inzwischen bei uns eine Lobby, an die kommt keiner ran: Das sind Handwerker, die wir brauchen, und andere, die so ihre »Beziehungen« haben. Gleichzeitig wollen diese Bürger aber heile Natur erleben, deswegen ziehen sie ja raus aus Leipzig oder Wolfen.

Und das zweite ist: Wer da weggeht aus der Stadt Leipzig, der setzt seine Kraft, die die eigene Lebens- und Wohnumwelt braucht, nicht mehr ein; diese Kraft geht ins Wochenende. Das ist die private Verwüstungsstrategie, die weiter westlich perfekter und globaler ist. Dabei müßten wir doch sehen, daß der Besuch der heilen Welt in der Ferne auch noch die Ferne kaputtmacht.

Ich will an dem Beispiel nur klarmachen: Wir haben das alles nicht so gut, wie die da drüben, aber wir machen im Grunde genommen mit schlechteren Mitteln etwas ähnliches. Es gibt verschiedene Möglichkeiten, den Problemen zu entfliehen, entweder ganz oder auf die eben beschriebene Weise. Ich denke, wir leben in einer selbstzerstörerischen Zivilisationsform, und die braucht eine Reform. Wir brauchen, sagen Christen, Umkehr, also innerstes Umdenken und äußerste Anstrengungen. Ob wir überhaupt noch lernfähig sind als Einzelexemplare und als Gruppen, das wird zur Überlebensfrage. Die nötigen Reformen in der DDR ordnen sich also als kleine Schritte in viel Größeres ein. Aber zurück zu unserem Land.

Zu viele warten im Land vergeblich, daß es hier anders wird. Sie wollen sich nicht aufreiben, sie sagen: Ich hab nur ein Leben. Wenn ich meiner achtzehnjährigen Tochter von unseren Hoffnungen von '68 erzähle, übrigens auf den Sozialismus, fragt sie: Ja, was habt ihr denn erreicht? Wenn ihre Erlebnisse in der Schule, zumal mit den Direktoren, die am stolzesten auf die Schüler sind, die Offiziere werden, den meinen so verdächtig ähneln, vor allem die Abtötung kreativen Denkens, dann frage ich auch: Alles umsonst? Nicht ganz. Sehe ich doch die Lebendigkeit marxistischen Denkens in der gesamten sowjetischen philosophischen, politischen, soziologischen und erzählenden Literatur geradezu befreiend hervortreten.

Da schreibt der sowjetische Professor Daschitschew: »Ein qualitativ neues Modell des Sozialismus muß die soziale Effektivität unserer Gesellschaft in ihrer ganzen Breite eröffnen und dem kreativen Selbstausdruck der menschlichen Persönlichkeit weiten Raum geben. Wenn in unserer Gesellschaft ein Wettstreit der Ideen und Meinungen, die frei und ohne üble Folgen ausgesprochen werden können, stattfindet, heißt das, daß sie zur Selbsterkenntnis imstande ist; folglich auch zu ihrer Selbstverwirklichung und dynamischen Entwicklung. Für die Gesundheit einer Gesellschaft gibt es nichts Schrecklicheres als die Uniformität des Denkens unter einem gemeinsamen Nenner, der von oben vorgegeben ist.«

Wenn gesagt wird, ihr dürft nicht kopieren, so würde ich sagen, diesen Satz hätte ich schon gern vor dreißig Jahren gehört. Bis 1985 haben wir alles kopiert. Jetzt plötzlich sollen wir nicht mehr kopieren. Das verstehe ich nicht, denn wenn wir bis dahin kopiert haben, dann leiden wir im Grunde genommen an denselben Symptomen, die dort dazu geführt haben, daß man drei Worte immer wiederholt und was draus macht.

Also wir haben, denke ich, dieselben Gebrechen, in die das stalinistische, sozialistische Grundmuster geführt hat. Kopieren war nie gut, wäre auch jetzt nicht gut, aber warum jetzt nicht solche Gedanken mitdenken? Ob wir zu neuem Denken in der Lage sind, zur Frage, ob das denkende Wesen Mensch überhaupt noch eine Chance hat? Wir alle leiden noch an Ideologien, die nach Marx falsches Bewußtsein sind, Ideologien, die uns einflüstern, mit unserer Verschleiß-Zivilisation sei so weiterzumachen, sei so weiterzuschreiten, nur mit neuestem westlichem Standard. Wo doch Selbstbesinnung und Selbstbegrenzung zu den rettenden Stichworten werden sollten.

Sie merken, ich schwanke immer hin und her zwischen einer globalen Perspektive und dem Klein-Klein unseres Landes, und dazwischen hängt dieser große, leuchtende, auch manchmal grau und schütter gewordene Begriff Sozialismus. Mir geht es aber bei aller globalen Verantwortung, die wir als einzelne auch hier wahrnehmen müssen, um unser Land, um unsere Bedürfnisse, um unsere Regierung und um unsere Mitverantwortungsbereitschaft. Vergessen wir bei aller verständlichen Fixierung auf unsere Probleme nicht, was weltweit auf dem Spiel steht! Unsere Gebrechen sind nur ein kleiner Teil der Weltgebrechen.

Es geht um die Frage, ob die Regierenden bei uns noch in vorgestrigen Kategorien denken und handeln und so unser aller Morgen verspielen, nicht aus böser Absicht, einfach aus Blindheit, auch aus mangelndem Mut, in ihrem Alter noch umzudenken und umzusteuern. Ich habe dafür ein gewisses Verständnis, aber ich hätte noch größeres Verständnis, wenn sie das Regieren jetzt der nächsten Generation überließen.

Es geht auch um die Zukunft des Sozialismus unter veränderten Bedingungen, und eine dieser grundlegenden Veränderungen ist schon erwähnt: Marx sah klar die Entfremdung und Ausbeutung des Menschen durch den Menschen. Jetzt geht es um die Entfremdung des Menschen von der Natur und um die Ausbeutung der Natur durch den Menschen bei fortbestehender Ausbeutung des Menschen durch den Menschen. Wenn dies nicht zu einer zentralen Erkenntnis wird, und wenn dies nicht in die Prioritätenliste des Handelns aufgenommen wird, sind unsere Marxisten auch hier nicht mehr auf der Höhe der Zeit. Dabei ließen sich schon einige hellsichtige Marx-Zitate finden, beim jungen Marx zumal, die eine Revision nicht in den Verdacht des Revisionismus bringen müßten. Marx spricht etwa vom dialektischen Prozeß der Naturalisation des Menschen und der Humanisierung der Natur und daß der Mensch im Stoffwechselprozeß mit der Natur ihr seine Produkte in verbesserter Form wieder zurückgeben müsse. Zukünftige Gesellschaft kann er verstehen als die vollendete Wesenseinheit des Menschen mit der Natur, die wahre Resurrektion, die wahre Auferstehung der Natur, so hatte er es sich gedacht. Man könnte durchaus solche Zitate finden, ohne einen Revisionismus zu wagen.

Wir müssen uns allerdings von der Engelsschen und Stalinschen Industrialisierungseuphorie lösen, denn selbst die schier unerschöpflich scheinende Sowjetunion hat die verheerenden Folgen ihrer noch bis vor kurzem bejubelten industriellen und landwirtschaftlichen Großprojekte zu tragen. Die sowjetischen Zeitungen haben den Mut zur Wahrheit gefunden, noch nicht den Ausweg. Manche schelten nun hier und dort den Seismographen, als ob er am Erdbeben schuld sei. Da lese ich etwa in der »Sowjetunion«, Heft 4/89: »Übereifrige Wirtschaftsfunktionäre sind bereit, für Siegesberichte an übergeordnete Instanzen die Natur sozusagen hundertprozentig zu verschleißen. Erforderlich sind ein neues Denken in diesen Fragen, eine offene und tiefgreifende Analyse schwerster Fehler, die in den letzten Jahrzehnten begangen wurden. Unumgänglich sind eine wissenschaftliche Begründung der Entwicklungswege, die allumfassende Mobilisierung der wissenschaftlichen Öffentlichkeit, der Arbeitskollektive und der Sowjets für die Realisierung von Umweltschutzprogrammen. Es gibt sehr viele heiße Stellen. Die Öffentlichkeit ist über das Schicksal des Baikalsees und des Aralsees, der Tundra und der Taiga, der Schwarzmeer- und der Ostseekurorte, der ukrainischen Schwarzerde und der Kasachischen Steppen beunruhigt; gefährdet ist der größte Fluß Europas, die Wolga.«

Ich frage, was ist nicht gefährdet in dieser großen, unerschöpflichen Sowjetunion? Warum werden wir in der DDR immer noch nicht der Wahrheit über Elbe, Ostsee und Ackerboden für würdig befunden? Wie ich höre, gibt es in der DDR in der Tat auch schon sogenannte Revitalisierungskommissionen, die sich Gedanken machen – und das finde ich ja sehr verantwortlich – um die Wälder und den Boden, der ja an vielen Stellen schon tot ist. Aber das, was sie machen, ist geheim. Ich finde es großartig, was sie machen, gerade weil es etwas Positives ist, aber warum ist selbst das Positive geheim? Vielleicht weil die Analyseergebnisse erst einmal so sind, daß wir zu sehr erschrekken würden. In der letzten Nummer der Umweltzeitschrift »Uhu« wird von den Schäden für die Dünenvegetation gesprochen, die die Millionen Urlauber jährlich verursachen. Es sind zu viele, die an die Ostsee gehen. Freilich, wo sollen sie hingehen? Mein Hauptpunkt sind aber nicht die Leute, die die Dünen zerlatschen, sondern der Zustand der Ostsee und was wir da tun können.

Weiter aus »Sowjetunion«, Heft 4/89: »Die bürokratischen Wirtschaftsfunktionäre schweigen sich aus. Das ist einfacher und gefahrloser für sie, als an ernsthafter Polemik sich zu beteiligen.« Auch hier brauchen wir nicht zu kopieren, denke ich. »Und die Freiwilligen aus der sogenannten Bewegung der Grünen sind manchmal schlecht informiert, was ihren Opponenten gestattet, sich über die Meinung der Naturfreunde hinwegzusetzen und sie als Dilettanten abzutun. Der Vorhang der Geheimhaltung für ökologische Daten geht jetzt zwar auf, doch oft verfügen gerade diejenigen über besonders ausführliche diesbezügliche Informationen, die der öffentlichen Kritik ausgesetzt sind. Ihnen steht es frei, die einen oder anderen Daten bekanntzugeben oder geheimzuhalten. Die Aktivisten der Gesellschaft für Naturschutz können einen spürbaren Erfolg nur dann erzielen, wenn sie die Unterstützung der örtlichen Sowjets finden und mit ihnen zusammen wirken.«

Ich denke, auch dies gilt für Leipzig und andere Städte. Ich wollte nur sagen, so stelle ich mir auch ein Zusammengehen vor, das schwer genug ist. Ich denke auch nicht, daß die Information ausreicht, aber sie ist eine Voraussetzung für die Bereitschaft zur Mitarbeit, ebenso das kreative, wissenschaftliche Potential, das in unserem Volk und in diesem Land dank dieser Bildungspolitik auch angereichert ist. Wir machen es uns nur nicht genügend zunutze.

An diesem Beispiel wird klar: Ohne Demokratisierung einschließlich Gewaltenteilung gibt es keine Lösung. Ohne Glasnost geht nichts voran. Wissen ist Macht. Das für alle lebenswichtige Wissen muß den Herrschenden entrissen werden, nicht, um sie zu entlarven, sondern um die Lösung der Probleme nicht weiter zu verzögern. Ich glaube, und ich weiß auch, daß sie sich ernsthaft darüber Gedanken machen, aber sie würdigen uns nicht einer Teilhabe an ihren Gedanken. Wir werden erfahren, daß wir durch diese Erneuerung, die wir beschrieben haben, Leben gewinnen. Aber: Sind wir persönlich bereit, die Schwierigkeiten auf diesem Weg zu tragen? Wir sollten es uns dann auch nicht zu leicht machen.

Ich weiß nicht, ob Sie am 2. September Zeitung gelesen haben, hier ein Zitat: ». . . uns eine Wohnung im europäischen Haus einzurichten, in der jeder sich wohl fühlen kann und frei von Bevormundung und äußerer Einmischung leben kann.« So Oskar Fischer, der Außenminister. Das Schöne ist, er hat offengelassen, worauf sich die Bevormundung bezieht. Ich denke, es kann nicht nur die Bevormundung von außen, sondern auch die von innen gemeint sein. Das Ministerium des Innern möge uns gestatten, uns in unsere inneren Angelegenheiten ohne Angst einzumischen.

Ich will jetzt noch Komplexe benennen, Fragen, die aus meiner Sicht zu Explosivthemen werden können, wenn sie nicht jetzt bearbeitet werden.

Erstes Stichwort: Sozialismus. Es besteht die akute Gefahr, daß der Sozialismus seine Plausibilität einbüßt. Es muß neu nachgedacht werden, was Sozialismus ist und wie er funktionieren kann. Wie seine Utopie ebenso bewahrt bleibt wie der selbstkritische Blick auf die Realisierung. Utopieverlust führt zu Verbürokratisierung der Idee. Die scholastische Weltanschauung Marxismus-Leninismus erweist sich als falsches Bewußtsein, also Ideologie, solange sie mit Hilfe der Macht bewiesen wird. Es ist eine lange, bittere Erfahrung: Was links versäumt wird, schlägt rechts zu Buche.

Als wir vorgestern in Wittenberg des Kriegsausbruchs gedachten und einige hundert Christen in der Kirche waren, diskutierte draußen unser Küster mit einer Gruppe von jungen Leuten, die meinten, daß Hitler gar nicht so schlecht war. Das sind nicht viele, aber es sind Leute, die in unserem Land aufgewachsen sind. Wie die über die Sowjetmenschen reden, möchte ich hier nicht wiederholen. Jedenfalls spüre ich ein Erschrecken über den Plausibilitätsverlust der sozialistischen Idee, jeder sozialistischen Idee, in Polen und in Ungarn schon vor Jahren. Als ich im Sommer in Polen war und mit Polen diskutierte, habe ich mich fast lächerlich gemacht damit, daß ich wirklich etwas vom Sozialismus halte. Ich bin erschrocken über diese jüngeren Leute, die sagen, alles Sozialistische ist erledigt. Ich sehe auch, wie hämisch sich manche darüber im Westen freuen, daß es so ist. Ich freue mich nicht.

Zweitens: Ökologie. Die Urelemente sind gefährdet: Feuer, also Energie, Wasser, Luft, also unsere Atemluft, der Boden. Ökologie darf nicht weiter eine Sparte im Hause von Doktor Reichelt, dem Umweltminister der DDR, sein, sondern muß zentrales, umfassendes Kriterium allen künftigen menschlichen Handelns werden. Es ist höchste Zeit. Wenn wir nicht heute anders handeln, werden uns morgen unsere Tränen überspülen.

Drittens: Die Frage nach der Nation. Wer sich seiner Geschichte nicht erinnert, ist dazu verdammt, sie zu wiederholen. Ein neues Nachfragen nach unserer Geschichte hat eingesetzt, die Erinnerung an die sogenannte Reichskristallnacht hat auch in der DDR ein neues Nachfragen ausgelöst. Aber die Nachgeborenen sind akut gefährdet, weil sie kaum noch bereit sind, die Folgen der Verbrechen auf sich zu nehmen, ja in sich hineinzunehmen. Willy Brandt äußerte zum 1. September: »Auch den Nachwachsenden ist das nahezubringen, obwohl sie es zu Recht ablehnen, sich Schuld vererben zu lassen. Es geht aber nicht um unser Leben, es geht um ihr Leben und darum, daß sie aus geschichtlicher Erfahrung davor bewahrt werden, in eine neue Dummheit zu kommen.« Also einem Populisten wie Schönhuber in die Hände zu fallen.

Deutscher in der DDR zu sein, frage ich weiter, was heißt das? Wir brauchen gelingende Identifikation, eine DDR zum Wohlfühlen, sonst schwenken Tausende wieder triumphierend den Paß der Bundesrepublik, sowie sie die Gelegenheit dazu haben. Wer keine Identität findet, auch in seiner Geschichte, kann kein stabiles, nach außen und innen friedensförderndes Staatsgebilde aufbauen. Stabil ist ein Staat unter anderem dadurch, daß die Bürger sich aus Freiheit darin integrieren und daß die Bürger ein Selbstbewußtsein entwikkeln, das nicht auf der Abgrenzung gegen andere begründet ist. Dazu gehört wohl auch die Entfaltung des Regionalen in unserem Land, des Thüringischen und Sächsischen, des Mecklenburgischen und Brandenburgischen, und meine liebe Altmark ist nicht Bezirk »Magdeburg«. Deutsche in der DDR, in den Farben der DDR – ja, in Farben, die leuchten. Je bunter der Sozialismus, desto besser für uns alle. Sein Grau in Grau macht dagegen das ganze Leben freudlos.

Das vierte Stichwort ist ein Explosivthema: die Zukunft des Menschen, die Wohn- und Arbeitsumwelt in unseren Neubaustädten zumal, Freizeitgewohnheiten; die Kindererziehung von der Krippe bis zur Kaserne. All das führt zu Aggressivität und Verrohung einerseits und zu Entleerung und Geistlosigkeit andererseits. Die Selbstbildung wird vernachlässigt. Die Gesellschaft unter Anpassungsdruck läßt wenig Individualität und Kreativität zu, und notwendige Initiative droht abzusterben. Wenn der Mensch sich nicht selbst gewinnt, wird er alles verlieren, so sagte es schon Jesus.

Einige Gedanken noch über mögliche und nötige Reformschritte. Es geht mir bei den Überlegungen zur Reform des Sozialismus um konkretere und entschlossenere Anwendung des dialektischen Prinzips von Kontinuität und Wandel angesichts zugespitzter Widersprüche. Es geht nicht um die Restauration, nicht um die Destabilisierung. Ich meine, es geht nicht um die Emeritierung des Sozialismus, sondern um Erneuerung. Eine Reform braucht Mut von allen Seiten, auch von den gegenwärtigen Opponenten, nämlich Toleranz und Kompromißbereitschaft. Ich maße mir nicht an, mir den Kopf der SED zu zerbrechen. Ich will sie aber gern davon entlasten, daß sie alles tun müsse, weil sie alles wisse.

Erstens: In der sozialistischen Einheitspartei hat sich ein für unser Land jetzt unverzichtbares Potential von Sachkompetenzen, Einsatzbereitschaft und Wertebewußtsein organisiert, das in der Öffentlichkeit oft verdeckt wird durch kleingeistige Bürokraten und engstirnige Administratoren der Macht und der Ideologie. Wir sollten auch das andere wahrnehmen. Dazu müßte der Differenzierungsprozeß in der SED öffentlich gemacht werden. Wenn die Widersprüche klarer benannt würden, würden wir uns nichts vergeben. Ich lese etwa in den letzten Tagen: »Der Sozialismus ist eine Gesellschaft, in der der Mensch ein Mensch sein kann und in der menschliche Arbeit und Initiative nicht mißbraucht werden.« Gut, wenn das unser Ziel ist, aber wenn das einfach als die Realität hingestellt wird, dann ist es wenig glaubwürdig. Man kann sagen, wir haben das schon an diesen und jenen Stellen erreicht, aber jetzt müssen Dinge benannt werden, an denen konkret noch Probleme, auch große Probleme hängen und Lösungen anstehen.

Auch die innerparteiliche Demokratie könnte durch ein Abrücken vom demokratischen Zentralismus, den manche bürokratischen Zentralismus nennen, erreicht werden, so daß der Entscheidungsprozeß von oben nach unten durch den Entscheidungsprozeß von unten nach oben bereichert wird. Viel zu wenige erleben, wieviel Kompetenz, Engagement und Wertebewußtsein sich in dieser Partei organisiert haben. Ich hatte Gespräche mit solchen außerordentlich kompetenten, menschlichen, kooperationsbereiten Mitgliedern dieser Partei, die auch an der richtigen Stelle ihre Arbeit tun. Probleme habe ich vor allem nach solchen Gesprächen damit, wie das, was wir beredet haben, denn nun handlungsrelevant wird. Ich bin subjektiv von solchen Gesprächen befriedigt, aber das Problem bleibt.

Zweitens: Die Gesellschaft muß von der Allgegenwart der Partei mit ihren Einspruchsmöglichkeiten, die sie überall hat, befreit werden. Wenn Berufskarrieren weitgehend an Parteikarrieren gebunden bleiben, leidet auch die Partei. Auf wen kann sie sich wirklich verlassen, wenn Vorteile und Überzeugung verwechselbar werden? Wir brauchen angstfreie Diskussionen über alle anstehenden Fragen ohne das vorherige Rückversichern nach oben. Echte Konkurrenz der Kompetenz kann erst beginnen, wenn die Doppelstruktur von Partei- und Staatsapparat aufgehoben wird.

Drittens: Eine lebendige Gesellschaft im Gegensatz zu einem Kasernenhofsystem braucht vielfältige, wirkliche staatsunabhängige, auch organisierte Ausdrucksformen für die Wahrnehmung ihrer unterschiedlichen Interessen oder Ziele, ohne sogleich unter das Verdikt der Staatsfeindlichkeit zu kommen. Die bisherigen Blockparteien sind faktisch im Block der Partei. Die Partei braucht aber, denke ich, ein gesellschaftliches Gegenüber, das nicht immer sie selbst ist, und die Bürger, wir, ich, müssen befreit werden aus der Rolle der Nörgler und Meckerer, die die Partei für alles verantwortlich machen, weil sich die Bürger von eigenständiger Verantwortung ausgeschlossen fühlen und sagen, die sind schuld. Davon müssen wir befreit werden. Aber dazu müssen sich Alternativen organisieren können. Der Einzelbürger, denke ich, möchte nicht mehr weiter Eingaben schreiben, sich an Bittgesuchen wundschreiben. Wo es um grundlegende Fragen geht, reicht eine Eingabe, die ein einzelner schreibt, wahrlich nicht aus.

Bei der Wahl muß der Bürger befreit werden von der fatalen Alternative Ja oder Nein und Möglichkeiten zur konstruktiven Alternative erhalten. Ich gebe meine Stimme diesem oder jenem. Stellen Sie sich mal vor, bei der letzten

Wahl hätten über 50 Prozent nein gesagt; wir hätten keine Regierung mehr gehabt. Das ist eine Destabilisierung, die sich niemand wünschen kann. Aber wir machen das ja nicht. Die Kirche muß befreit werden von der Rolle einer scheinbaren Ersatzopposition und viele unter ihrem Dach, viele von Ihnen hier, von unserer religiösen Vereinnahmungsversuchung.

Viertens: Der Sozialismus muß befreit werden vom Verdacht, eine permanente Parteidiktatur errichten zu wollen. Erst wenn Menschen aus allen Schichten und verschiedenen weltanschaulichen Überzeugungen bereit sind, ihren Kopf hinzuhalten, erst dann wird sich etwas ändern. Erst wenn wir diesem Land im Streit die Treue halten, und zwar gewaltlos, statt entmutigt zu entfliehen und Entmutigte zurückzulassen, erst dann wird es wirklich weitergehen.

Es geht in diesem Land im Grunde um nichts anderes als anderswo: das beständige Training des aufrechten Ganges. Ich schließe mich gern dem inzwischen schon als kleinbürgerlichen Kosmopoliten betitelten Tschingis Aitmatow an. Der schreibt: »Frei können stets entweder alle sein oder niemand. Ich denke, dieses Gesetz gilt weltweit. Unfreiheit der einen ist demnach stets die Unfreiheit auch der anderen. Alle Aggressionen kommen letzten Endes von der Unfreiheit, und stets ist es die Unfreiheit, die die Freiheit angreift.« Das hat nun wieder unmittelbar auch mit den Christenmenschen zu tun. Luthers berühmter dialektischer Satz spricht ganz neu: »Ein Christenmensch ist ein freier Herr aller Dinge und niemandem untertan, und ein Christenmensch ist ein dienstbarer Knecht und jedermann untertan.« Es geht also keineswegs um selbstsüchtige Freiheit der einen auf Kosten anderer, sondern um den freien Dienst aneinander unter den Rahmenbedingungen einer demokratischen, sozialen, ökologischen Gesellschaftsformation.

Und nun mein letzter Punkt: Wo die Partei nicht mehr für alles verantwortlich ist, muß sie sich auch nicht durch die Kritik der Zustände stets angesprochen fühlen, braucht dann also auch nicht zu reagieren. Die Probleme des Landes werden wirklich zu Problemen des Landes, und diese Probleme werden von verschiedenen Menschen mit verschiedenen Lösungsalternativen bearbeitet werden. Es wäre zu fragen, ob die sozialistische DDR dabei nicht auch besser das föderale statt das zentralistische Prinzip anstreben sollte, also etwa die Kompetenzen der einzelnen Regionen Thüringen, Mecklenburg oder Sachsen wieder stärken müßte.

Eine offene Diskussion über Werte, Ziele, Wege könnte beginnen mit dem Ziel, den Grundkonsens festzustellen und dem ganzen Volk zu erklären, was geht und was unter unseren Bedingungen warum nicht geht. Jetzt muß es gewagt werden, mit jedem Tag wird es politisch und psychologisch, ökonomisch und ökologisch schwieriger. Soviel scheint mir heute schon sicher: Der ökonomische Nach-Mittag-Weg wird kein Spaziergang sein. Wenn die Dunstglocke der Subventionspolitik, die uns ja viel Gutes gebracht hat, aber jetzt an einen kritischen Punkt gekommen ist, zerreißt, werden wir wohl ökonomisch erst mal durch ein Tal hindurch müssen, wie es andere sozialistische Länder schon erleben. Und das bekommt jeder zu spüren. Bisher wagen die Regierenden nicht, daran zu rütteln, weil sie fürchten, dann bliebe fast nichts mehr. Aber kann es zentrales Kennzeichen des Sozialismus sein, wenn auf einer theoretischen Konferenz gesagt wird, niedrige Brotpreise und höchster Fleischverbrauch sind erstgenannte Kennzeichen des sozialistischen Systems der DDR? Wirklich als erstgenannte Kriterien? Die Frage, ob wir hier vor dem Frieden nicht der Ökologie Priorität geben sollten, muß bedacht werden. Wir müssen endlich aufhören, den Wehrdienst einseitig als Friedensdienst zu propagieren, und müssen den Alten- und Pflegedienst sowie den Naturschutzdienst mindestens als gleichwertig einordnen.

Ob die Panzer der NATO die Grenzen überrollen werden und unsere Errungenschaften zerstören, ist höchst ungewiß. Gewiß ist aber, daß unsere Panzer und andere schon heute beim Üben zuviel zerstören, zuviel kosten, was woanders fehlt. Gewiß ist auch, daß die gegenseitige, bisher unaufhaltsame, grenzüberschreitende friedliche Zerstörung stattfindet. Ein Krieg scheint gegenwärtig leichter zu verhindern zu sein als dieser tägliche Vernichtungskrieg mit irreversiblen Folgen. Darüber muß mal geredet werden, wir können nicht einfach sagen wie bisher: Der Frieden hat absolute Priorität. Wir könnten beim Sichern des Friedens das Leben verlieren. So nebenbei.

Mein Resümee: Entweder ist der Sozialismus von Peking bis Berlin zu einer grundlegenden Reform fähig, oder er verschwindet erstmal, auch wenn er als Diktatur weiter bestehen mag, als mißglücktes, gutgemeintes, aber mit untauglichen Mitteln ausgeführtes Menschheitsexperiment. Ich will das nicht hoffen, und ich möchte, daß wir viele bleiben, viele hier bleiben, die das verhindern und an einer solchen gesellschaftlichen Erfindung weiterarbeiten. Den kapitalistischen Naturvernichtungsfeldzug und ausbeuterischen Expansionsdrang gegenüber der Dritten Welt ansehend, fände ich es nicht nur schade, wenn der Sozialismus verschwände, sondern gar bedrohlich für den Fortbestand der Gattung. Wir haben die Wahl, noch, hoffentlich. Aus diesem Raum heraus kann ich nur sagen: Laßt uns die Wahl!

# Wir drudeln in einen gesellschaftlichen Notstand

*Diskussionsbeitrag auf der V. Synode des Bundes der Evangelischen Kirchen in der DDR, 17. September 1989*

Ich sehe uns in der DDR in einen *gesellschaftlichen Notstand drudeln*, der durch die Flucht, den Aderlaß, den Verlust von Menschen nur angezeigt wird, aber viel weitergehendere und schwerwiegendere Gründe hat: in den ökonomischen und ökologischen, energetischen, politischen Problemen. Und ich denke, wenn das richtig ist, daß wir in einen gesellschaftlichen Notstand drudeln, dann ist ein großer gesellschaftlicher Dialog darüber nötig, wie, mit wem und wohin es weitergehen soll mit der Deutschen Demokratischen Republik als einer sozialistischen Alternative zur kapitalistischen Bundesrepublik. Um aber eine solche Alternative zu sein, braucht sie eben die Überzeugungskraft für die Menschen, die hier leben. Und darin sehe ich das Problem, an dem wir Christen mitbeteiligt sind. Ich fürchte gegenwärtig, daß bei diesem Dialog die *Machtfrage* vorgeschoben wird. Ich denke: Zuerst geht es in diesem Dialog um die *Sachfragen*, z. B. um die Frage, welchen Beitrag wir in der DDR bei einem nötigen Paradigmenwechsel in der Welt zu leisten haben, wie weit wir in der DDR zu einer ökologischen, ökosozialen Weltrevolution beitragen können, um den nächsten Generationen das Leben zu ermöglichen.

Der Brief von Bischof Demke nennt einige Kriterien für das weitere Gespräch, führt an, was bleiben kann in unserem Land und was anders werden sollte. Ich finde es ein schönes Zeichen, daß beide Briefe – sowohl der Brief der Konferenz wie auch dieser Brief – in den Kirchenzeitungen veröffentlicht werden konnten. Ich sage das mal, weil es bisher nicht selbstverständlich war und wir uns darüber auch freuen, daß das möglich ist, und uns nicht immer nur beschweren, wenn was nicht möglich ist. Wir sagen doch auch Gott jeden Tag für das Selbstverständliche »danke«. Ich sehe auch einige Ansätze in unserem Land: die Theaterstücke, der Schriftstellerkongreß. Neulich sprach ein Altmeister der marxistischen Philosophie, Jürgen Kuczynski, im Fernsehen (leider nicht in unserem!) erfrischende Sätze.

Ich halte es für mehr als für einen Druckfehler, wenn im »Neuen Deutschland« vom 21. Juni über die Arbeit der Bezirkstage folgendes berichtet wird: »Doch gleich, um welche für die weitere Gestaltung der entwickelten sozialistischen Gesellschaft bedeutende Komplexe es sich auch handeln mag, er wird in jedem Fall umfassend, demokritisch, im engen Kontakt mit den Bürgern vorbereitet.« Ich möchte diesen ganzen Satz einschließlich dieses schönen Druckfehlers ernst nehmen. Es wäre ein verlockendes Ziel, einen *demokritischen Sozialismus* aufzubauen.

Wer aber angesichts der ökonomischen, technischen, politischen, ökologischen und sozialpsychologischen Probleme unseres Landes behauptet, die *Frage einer Reform* liege nicht auf dem Tisch der Regierung, muß sich fragen lassen, ob er die Kompetenz und die nötige Geistesgegenwart besitzt, weiter am Tisch der Regierung zu sitzen. Sachfragen werden gestellt und müssen gestellt werden, und nicht immer gleich die Machtfrage!

Das *Bestätigungsritual* vom 7. Mai und die zum Teil zynisch gerechtfertigten Fälschungen und Unsauberkeiten vor und hinter dem Komma (bei noch immer sicherer Mehrheit!) lassen keinen Zweifel an der inneren Schwäche der Staatsmacht bei äußerer Stärke der Sicherheitsorgane.

Und ich denke, die Stabilität unserer Republik ist wohl nicht so sehr durch eine *Explosion* gefährdet (der Überdruck geht ja raus!) als vielmehr durch eine *Implusion*: also außen harte Schale des Machtapparates, innen immer hohler und leerer. Ich denke, die Stabilität eines Landes beruht wesentlich auf der inneren Überzeugtheit seiner Bürger und nicht auf der äußeren Fähigkeit, seine Macht zu sichern. Nicht also auf der Funktionstüchtigkeit der Geheim- und Bereitschaftspolizei!

Ich denke, auch die Probleme in Leipzig vor der Nikolaikirche und auf dem Alexanderplatz lassen sich auf Dauer so nicht lösen, wie man es versucht. Ich habe jetzt gehört, daß mehrere verhaftet worden sind. Ich denke, wir sollten uns auch als Synode darüber genau informieren, was dazu geführt hat und in welcher Weise wir uns dazu äußern. Wir müssen dazu noch Informationen einholen. Wenn wir weiter zuwarten, fürchte ich, daß immer mehr Menschen auch bei uns in der Wiedervereinigungsidee eine Alternative sehen.

Ich fürchte das im Blick auf eine europäische Friedensordnung! Wir sind gegenwärtig in eine Situation geraten, in der man sich allmählich *rechtfertigen muß, warum man hier bleibt.* Ich kenne viele Mit-Christen, die sagen: Ich habe es schwer, mein Bleiben anderen gegenüber zu rechtfertigen. Bisher mußte man sich rechtfertigen und begründen, warum man geht. Und manche fühlen sich nach dem Entschluß – leider erst nach ihrem Entschluß, uns zu verlassen – befreit zu sagen, was sie denken und drängen uns in den Kirchen dazu, radikaler zu werden. Und wir werden dann auch manchmal instrumentalisiert. Ich habe das vor zehn Tagen in einer Veranstaltung in Leipzig erleben müssen. Da stand ich mit meiner Option für den Sozialismus ziemlich allein. *Vor dem Ausreiseantrag* hatten die meisten *mehr Angst als Vaterlandsliebe* und empfanden das Weggehen als Befreiung von der täglichen Angst. Und das ist, denke ich, auch eine Frage an uns: Inwieweit konnten wir Menschen wirklich Mut machen, sich hier ihres eigenen Verstandes zu bedienen. Ich sehe uns deshalb gegenwärtig in einer psychologischen Krise, weil sich zu viele Menschen lähmen lassen von der Dauerfrage: Gehen oder bleiben? statt zu sagen: Ich lebe hier, und weil ich hier lebe, setze ich mich mit meinem ganzen Leben dafür ein! Aber wenn die Ausreisefrage immer wieder wie ein Virus auf die Menschen zukommt, geht es nicht weiter. Und ich denke, daß Sie, Bruder Leich, am 3. März 1988 gegenüber dem Staatsratsvorsitzenden etwas bleibend Wichtiges gesagt haben: Wir brauchen Handlungen, die eine *Signalwirkung für neue Hoffnungen* haben. Nur Menschen, die noch eine Hoffnung für dieses Land haben, werden auch bereit sein, hier anzupacken. Je länger wir zuwarten, desto weniger werden bereit sein, hier zuzupacken! Wenn es aber keine Veränderungen mit Signalfunktion für neue Hoffnung gibt, wächst die Verzweiflung sprungartig an, und immer mehr Menschen richten ihr ganzes »Dichten und Trachten« auf die Frage, wie sie hier am besten wegkommen.

Stabilität, denke ich, muß in unserem Land ein wichtiges Ziel bleiben, aber sie kann nicht Synonym für Starrheit sein, wie die Reform kein Synonym für Chaos sein darf. Ich denke, daß wir als Kirche zusammen mit unseren Regierenden dies beides im Blick behalten sollten.

Freie Meinungsäußerung und Willensäußerung unterhalb großen Mutbeweises muß dem sogenannten Normalbürger möglich sein. Es könnte erschreckend sein, was dann zutage tritt, wenn jeder erstmal sagen kann, was er wirklich denkt. Wir sehen, wie in der Sowjetunion nach siebzig Jahren manches hochkommt – ohne den Einfluß westlicher Medien! Ich befürchte, daß die sozialistische Idee ihre Plausibilität einbüßt. Was wir beim Versuch, einen Sozialismus aufzubauen, versäumen, das schlägt immer rechts zu Buche. Und wir sehen (das haben einige hier auch schon gesagt), wie den Menschen der dritten Generation alles, was an Werten durch vierzig Jahre Leben in diesem Lande in uns drin ist, gleichgültig wird. Und das schmerzt. Zum Schluß: Mir scheint es darum jetzt nötig, daß politische Strukturen in unserem Land geschaffen werden, die echte Pluralität ermöglichen. Der Übergang muß organisiert und nicht das Chaos beschworen werden! Am *großen Tisch der Gesellschaft* muß die Gesamtgesellschaft vertreten sein. Dazu gehört, daß die Partei bereit sein muß, *eine* Partei zu werden, wie wir als Kirche nicht *die* Kirche, sondern eine Kirche sind. (Das mußte die katholische Kirche damals auch lernen.) Die Kirche und die Christen können ein Part an diesem Tisch sein.

Jedenfalls dürfen wir nicht verwechselt, ja identifiziert werden mit der Opposition im Lande. Reale, eigenständig organisierte Mitwirkung an der Gestaltung des demokratischen Sozialismus muß möglich werden. Noch ist Hoffnung – noch ist Zeit!

# Solidarität und Toleranz

*Rede auf der Protestdemonstration*
*am 4. November 1989*
*in Berlin (Alexanderplatz)*

Ich will hier sprechen über Solidarität und Toleranz. – Im Herbst 1989 sind wir auferstanden aus Ruinen und der Zukunft neu zugewandt. Und bald werden wir dieses Lied auch wieder singen. Hier lohnt es sich jetzt, hier wird es spannend. Bleibt doch hier! Jetzt brauchen wir buchstäblich jeden und jede. Es ist wahr – unser Land ist kaputt, ziemlich kaputt. Es ist wahr – dumpf, geduckt, bevormundet haben wir gelebt, so viele Jahre. Heute sind wir hierhergekommen; offener, aufrechter, selbstbewußter. Wir finden zu uns selbst. Wir werden aus Objekten zu Subjekten des politischen Handelns. Wir können stolz auf uns sein. Lebten wir gestern noch in der stickigen Luft der Stagnation, die atemberaubend war, so erleben wir jetzt Veränderungen, die atemberaubend sind. Der Wehrunterricht wird abgeschafft, der Zivildienst wird eingeführt! Plötzlich ist es zum Erlebnis geworden, unsere Zeitungen zu lesen. Aus Zerrspiegeln wurden Spiegel.

Warum mußten wir so lange darauf warten? Ist das alles nur ein Traum, aus dem es ein bitteres Erwachen gibt? Oder sind wir mitten in einem wirklichen, dauerhaften, demokratischen Aufbruch? Wir brauchen jetzt, denke ich, Toleranz und kritische Solidarität miteinander und nicht das Ausufern der verständlichen Emotionen. Wir brauchen eine Koalition der Vernunft, die quer durch die bisherigen Parteien und quer durch die neuen Bewegungen geht. Aber dazu gehört auch, daß die neuen Bewegungen alle zugelassen werden. Der Wandel ist schon unübersehbar, aber noch ist er umkehrbar.

Hatten die Herrschenden bisher die Signale unserer gesellschaftlichen Krise nicht gehört, höchstens abgehört, so haben die dramatischen Widersprüche sie jetzt gezwungen, von ihren Tribünen herabzusteigen und den gleichberechtigten Dialog zu beginnen. Und ich habe erlebt, wieviel sie sich jetzt anhören müssen. Und wir werden viele in ihren Ämtern nicht mehr tolerieren können. Und ich möchte meinen Respekt denen aussprechen, die freiwillig zurücktreten.

Der nun begonnene Dialog darf sich aber nicht aufs »Dampfablassen« beschränken, sonst entartet er zum großen Papperlapapp des Volkes, bis der Winter einkehrt und alles wieder in die alten Bahnen gebracht wird. Wir brauchen weitere spürbare Ergebnisse des Dialogs. Der Dialog muß zum Normalfall des Umgangs zwischen Volk und Regierung werden. Er darf nicht Notmaßnahme im Krisenfall sein. Wer gestern noch die scharfe Kralle der Macht zeigte und heute das weiche Pfötchen des Dialogs hinhält, darf sich nicht wundern, daß viele noch die Kralle darunter fürchten. Wer gestern noch die chinesische Lösung für richtig hielt, muß heute, und zwar verbindlich, erklären, daß dies für die DDR nicht zur Debatte steht. Sonst bleibt die Angst.

Wir brauchen nun eine Struktur der Demokratie von unten nach oben. Die Regierung hat auf das Volk zu hören und nicht das Volk auf die Regierung. Wir lassen uns nicht mehr bevormunden. Schließlich: Eine Atmosphäre des Vertrauens in unserem Lande entwickelt sich erst, wenn das größte innenpolitische Sicherheitsrisiko, die Staatssicherheit, radikal abgebaut und vom Volke kontrolliert wird. Vierzig Jahre haben wir das erduldet. Jetzt wollen und können wir diesen riesigen Angstapparat weder weiter tolerieren noch bezahlen. Fehler dürfen nun nicht flugs korrigiert, sie müssen auch als Fehler zugegeben werden.

Aber, liebe Freunde, liebe Mitbürger in unserem ganzen Land, reißen wir nun nicht neue Gräben auf! Trauen wir jedem eine Wende zu! Auch wenn nicht jeder in seiner alten Position verbleiben darf. Aber bitte keine Rachegedanken. Wo persönliche Verantwortung oder Schuld vorliegt, ist strikte Gesetzlichkeit einzuhalten. Tolerieren wir nirgendwo Stimmen und Stimmungen der Vergeltung! Und zu uns aus der neuen demokratischen Bewegung möchte ich sagen: Setzen wir an die Stelle der alten Intoleranz nicht neue Intoleranz! Seien wir tolerant und gerecht gegenüber den alten und neuen politischen Konkurrenten, auch gegenüber einer sich wandelnden SED. Denken wir daran, welche Befürchtungen der neue erste Mann auslöste und welche neue Bewegung mit ihm schon in Gang gekommen ist. Ich meine, wir wollen und wir können unser Land jetzt nicht ohne die SED aufbauen, aber sie muß nicht führen.

Toleranz wächst aus der Erkenntnis, daß auch wir irren und den alten Fehlern neue hinzufügen werden. Damit aber niemand wieder unangefochten Irrtümer als Wahrheiten ausgeben kann, brauchen wir die volle Demokratie, die keinen festgeschriebenen Wahrheits- oder Führungsanspruch einer Gruppe verträgt. Nirgendwo. Darum: Demokratie, jetzt oder nie! Ohne die wache Solidarität aller demokratischen Kräfte wird es nicht gelingen, eine lebensfähige Demokratie aufzubauen. Die Zersplitterung der Demokratie ist stets die Stunde der Diktatoren. Wir werden noch durch ein Tal hindurchgehen. Wir werden uns nicht durch besonderen Wohlstand auszeichnen können, aber vielleicht durch mehr Freundlichkeit und Wärme. Aus Wittenberg kommend, erinnere ich Regierende und Regierte, also uns alle, an ein Wort Martin Luthers: »Lasset die Geister aufeinander prallen, aber die Fäuste haltet stille!«

# Revolution der Strukturen und der Barmherzigkeit

*Aufsatz*

In der berühmten Einleitung zur Kritik der Hegelschen Rechtsphilosophie schreibt Karl Marx: »Das *religiöse* Elend ist in einem der *Ausdruck* des wirklichen Elends und in einem die *Protestation* gegen das wirkliche Elend. Die Religion ist der Seufzer der bedrängten Kreatur, das Gemüt einer herzlosen Welt, wie sie der Geist geistloser Zustände ist. Sie ist das *Opium* des Volkes ...

Es ist also die *Aufgabe der Geschichte*, nachdem das *Jenseits der Wahrheit* verschwunden ist, die *Wahrheit des Diesseits* zu etablieren.«

Diese kritischen Sätze Marxens sind mir in meiner Existenz als Theologe nachgegangen. Und ich habe versucht, sie in einem gewiß verfremdeten Sinne anzuwenden: In der Kirche wird gebetet, das heißt, es wird auch geklagt. Es wird das wirkliche Elend des Menschen ausgedrückt, das Elend, dem er als eine sterbliche Kreatur unterworfen ist, und das Elend, das die Menschen einander bereiten.

Das geschieht auch im Gebet – es ist Ausdruck und Protest gegen das Elend. Das Gebet führt auch in den Kampf gegen das Elend. Aber es sucht die Gründe für das Elend nicht immer beim Gegner beziehungsweise Feind, sondern auch bei mir selbst. In der Kirche muß ausdrückbar bleiben, was Menschen bewegt, umtreibt, kaputtmacht. Hier muß der »Seufzer der bedrängten Kreatur« Raum gewinnen können. Mitten in einer Welt, die oft als herzlos empfunden wird, kann der Zusammenhalt der christlichen Gemeinde »das Gemüt einer herzlosen Welt« sein, wenn die Gemeinde dem verhärteten und entfremdeten Menschen Sprachräume gibt, Räume für den Selbstausdruck, Räume für den Wiedergewinn von Kreativität und Zuwendung zum anderen. Immer wird die Sorge um den einzelnen im Mittelpunkt stehen müssen.

Die christliche Gemeinde kann auch »Geist geistloser Zustände« werden, wenn der Geist in Ketten gelegt wird oder in der Banalität zu ertrinken droht.

Und schließlich kann der Glaube »Opium des Volkes« werden, wenn er hilft, die Schmerzen zu überstehen, die jetzt nicht zu überwinden sind.

Wo die »Wahrheit des Diesseits« zur einzigen Wahrheit wird, weist der Glaube auf das »Jenseits der Wahrheit«, nämlich einer Wahrheit, die das Vorhandene überschreitet, den Blick auf das Unerwartete, das Mögliche, das zu Erhoffende richtet.

Die Fragen des vorigen Jahrhunderts sind nicht überholt. Es sind aber neue Fragen hinzugekommen, die das Überleben der Menschheit als Ganzes betreffen. In diesem Horizont stellen sich auch die kritischen Fragen von Karl Marx an die Religion neu.

Viele Christen in der DDR und in der ganzen Welt haben versucht, sich diesen Fragen zu stellen, und suchen nach Verbündeten aus allen Lagern und Überzeugungen. Die Alternative heißt für uns heute: *eine* Welt oder keine Welt.

Die Ökumenische Versammlung im April 1989 in Dresden formulierte in ihrem Grundlagentext drei Erkenntnisse über die heutige Welt:

– Die wissenschaftlich-technische Zivilisation bedroht, bei allen Vorzügen, die sie mit sich bringt, das Überleben. Die Gefahr einer atomaren Katastrophe, die Bedrohung durch unumkehrbare ökologische Zerstörungsprozesse und die ökonomische Abhängigkeit und Ausbeutung der arm gemachten Länder der Erde gehen von den Ländern des Nordens aus, zu denen auch wir gehören.

– Die Menschheit ist eine Überlebensgemeinschaft geworden. Informations- und verkehrstechnisch, industriell und ökonomisch, politisch und militärisch hängt alles mit allem zusammen. Politisches Handeln, auch im lokalen Bereich, trägt daher eine nicht mehr aufkündbare Verantwortung für das Überleben des Ganzen.

– Tiefgehende Wandlungs- und Lernprozesse liegen vor uns: von der Vergötzung des Wirtschaftswachstums und der Wirtschaftsmacht zur Solidarität mit den Armen und zur Umverteilung von Macht; von der Friedenssicherung durch Androhung und Ausübung von Gewalt zur Friedensordnung durch Vertrauensbildung, Zusammenarbeit und Abrüstung; von der Gewalt- und Willkürherrschaft über die Natur zur Solidarität und Kooperation mit ihr.

Weiter heißt es dann: In einem sozialistischen Land wie dem unseren, das den wissenschaftlich-technischen Fortschritt als kollektive Aufgabe der Gesamtgesellschaft weiterführen und zur immer besseren Befriedigung der ständig wachsenden Bedürfnisse aller nutzbar machen will, tritt die zentralistische Planung und Leitung und die damit verbundene Bürokratie in Spannung zur politischen Beteiligung, Mündigkeit und Eigeninitiative der Bürgerinnen und Bürger. Die bisher verwirklichte soziale Sicherheit und Gerechtigkeit treten in Spannung zum Leistungsprinzip und zur ökonomischen Produktivität.

Interne Probleme der Wirtschaft und ihr Zurückbleiben hinter westlichem Standard und den durch diesen stimulierten Bedürfnissen der Bevölkerung stehen der Solidarität mit den Entwicklungsländern im Wege. Die ökonomischen Wachstums- und Konsuminteressen dominieren. Sie verdrängen das ökologische Erhaltungsinteresse und verursachen schwerste ökologische Schäden.

Der Text sagt auch, daß unsere Regierung außenpolitisch eine Entspannungs- und Abrüstungspolitik auf der Linie des »neuen Denkens« und des Konzepts der »gemeinsamen Sicherheit« vertritt. Die innenpolitische Realität sei dagegen gekennzeichnet durch die Spannung zwischen Staatsapparat und Bevölkerung, durch Konformitätsdruck und Abgrenzung auf der einen, äußere Anpassung und innere Verweigerung auf der anderen Seite.

Die öffentliche, wahrhaftige und rechtzeitige Verarbeitung all dieser Konflikte könnte die Suchbewegung nach einer Umgestaltung des Sozialismus unter den Bedingungen unseres Landes fördern.

Inzwischen kam viel in Bewegung. Ich habe aber die Furcht, daß einige vordergründige Fragen die tiefergehenden Überlebensfragen verdrängen könnten.

Protestantischer Christ in dieser Zeit zu sein heißt für mich, den Ruf zur Umkehr zu hören. Dieser Ruf trifft jeden einzelnen in seinem ganz persönlichen Denken und Handeln, schließt auch die gesellschaftlichen Werte, Ziele und Strukturen ein. Wir Christen sagen, daß wir umkehren können in den Frieden Gottes: in den Frieden zwischen den Völkern, in den Frieden als Gerechtigkeit für die Unterdrückten und in den Frieden mit der Natur. Diese Fragen verbinden uns mit allen Menschen auf der Erde. Michail Gorbatschow hat die Völker der Welt im Dezember 1988 zu einer »globalen Solidarität« eingeladen. Wir Christen in diesem Land wollen diese Einladung gern annehmen und das Unsere dazu tun.

Frieden ist nicht alles, aber ohne Frieden ist alles nichts. Dies ist mehr als ein gutes Bonmot – dies ist eine Grundvoraussetzung für unser Überleben. So hat die Evangelische Kirche in der DDR im September 1987 nach vielen, auch kontroversen Diskussionen einen Text verabschiedet, in dem sie interpretiert, was sie mit der Absage an »Geist, Logik und Praxis der Abschreckung« von 1983 meint. Was heißt eine solche Aussage praktisch? Die Kirche hat eine lange Geschichte hinter sich, in der sie sowohl pazifistisch war als auch »Heilige Kriege« rechtfertigen konnte. Deshalb faßte die Evangelische Kirche in der DDR folgenden weitreichenden Beschluß:

»In einer Welt mit Massenvernichtungsmitteln gibt es keine gerechten Kriege mehr! Krieg darf kein Mittel der Politik mehr sein . . .

In dieser Situation setzt sich die Kirche für gewaltfreie Förderung und Sicherung des Friedens ein. Jeder Christ, der vor die Frage des Wehrdienstes gestellt ist, muß prüfen, ob seine Entscheidung mit dem Evangelium des Friedens zu vereinbaren ist. Wer heute als Christ das Wagnis eingeht, in einer Armee Dienst mit der Waffe zu tun, muß bedenken, ob und wie er damit der Verringerung und Verhinderung der

Gewalt und dem Aufbau einer internationalen Ordnung des Friedens und der Gerechtigkeit dient. Die Kirche sieht in der Entscheidung von Christen, den Waffendienst oder den Wehrdienst überhaupt zu verweigern, einen Ausdruck des Glaubensgehorsams, der auf den Weg des Friedens führt . . .«

Ich habe an der Ausarbeitung dieses Textes mitgewirkt. Ich meine, daß christliche Existenz heute das Wagnis zu solchen politischen Aussagen einschließt. Wenn wir auf dieser Welt eine Zukunft haben wollen, müssen wir uns mit aller Entschiedenheit für Gerechtigkeit, Frieden und Bewahrung der natürlichen Mitwelt einsetzen. Dieser Einsatz geht nicht ab ohne erhebliche Konflikte. Unangenehme Wahrheiten hören wir alle ungern, zumal dann, wenn wir selbst uns ändern müssen. Auch die Einsicht ändert noch nicht das Verhalten. Wir haben uns an einen Lebensstil gewöhnt, der zu Lasten der Umwelt geht, wir haben Bedürfnisse entwickelt – zum Beispiel im Fleischkonsum –, die untragbar geworden sind. Wir denken zuerst an uns selbst, unsere eigenen Interessen und unsere eigene Lebenszeit. Wenn wir unserer Verantwortung gegenüber der Nachwelt gerecht werden wollen, darf der »Klassenkampf mit den Nachgeborenen« nicht mehr zu deren Lasten entschieden werden.

Bisherige Unterschiede zwischen Menschen und ihren Weltanschauungen müssen deshalb zurücktreten; das allgemeine Überlebensinteresse sollte in den Vordergrund treten. Aus diesem Grunde halte ich die Deklaration von Delhi, die Gorbatschow und Gandhi im Dezember 1986 unterschrieben haben, für ein wichtiges zukunftsweisendes Dokument für uns alle.

In den letzten Wochen ist unsere Gesellschaft in rasantem Tempo in einen Umbruch gelangt. Wir wissen alle noch nicht, wohin es gehen kann. Ich möchte mich als Theologe und Christ dafür einsetzen, daß die gegenwärtig im Vordergrund stehenden Fragen nun nicht die großen Überlebensfragen verdrängen.

Es stimmt mich sehr hoffnungsvoll, daß die Regierenden aufgrund des Druckes des ganzen Volkes nun bereit sind, die Wahrheit, auch die bittere Wahrheit, zu sehen und Konsequenzen zu ziehen. Wenn die ganze Wahrheit über unsere ökonomische und ökologische Situation ans Tageslicht kommt, werden wir erschrecken. Aber ich hoffe, daß wir noch Zeit haben.

Wir werden die Probleme wohl nur lösen können, wenn wir uns zu einer neuen Bescheidenheit entschließen könnten, statt westlichen Standards nachzulaufen.

Wäre das Wort nicht so beschädigt, würde ich gern sagen, daß die »sozialistische Gesellschaft« sich durch Solidarität ihrer Bürger auszeichnet. Ziel vieler Christen in diesem Lande ist eine sozial gerechte, demokratische, nach innen und außen friedensfähige und ökologisch verträgliche Gesellschaft. Dieses Ziel erfordert jetzt einen offenen gesamtgesellschaftlichen Dialog, der politische Strukturen braucht. Jeder Bürger muß das Gefühl haben, daß er benötigt wird und mitbestimmen kann.

Protestant sein heißt, sich den Herausforderungen der Gegenwart zu stellen, »Geistesgegenwart« zu zeigen, die »Zeichen der Zeit« zu erkennen. Als Christ suche ich aus den bedrängenden Fragen der Gegenwart den Ruf Gottes an mich zu hören. Das erfordert die Unterscheidung der Geister.

Protestant sein heißt heute: aufzustehen, zu protestieren gegen die Banalität, gegen die verheerende Gleichgültigkeit, gegen Apathie und Sinnlosigkeitsgefühle, die Leben verbrauchen. Es geht um die Entdeckung der »Fülle des Lebens«, statt den Lebenssinn in der »Fülle der Güter« zu finden. Dazu gehört für Christen die Feier des Lebens, die in den Versammlungen wie dem Gottesdienst zum Ausdruck kommt. Hier geht es um Ganzheitserfahrungen.

Protestantische Kirche richtet sich durch das Wort an die Menschen und steht insofern immer in der Gefahr, den Intellekt überzubetonen. Heute geht es wieder darum, die Gemütsqualität des Glaubens zu entfalten, das Schwingen der Seele zu ermöglichen, Entlastung zu schaffen, zu innerer Freiheit zu ermutigen.

Der Protestantismus lebt aus der Anstrengung der Mündigkeit des einzelnen. Insofern ist Immanuel Kants Aufklärungsdefinition typisch protestantisch und zeitenübergreifend gültig: »Aufklärung ist der Ausgang des Menschen aus seiner selbstverschuldeten Unmündigkeit. Unmündigkeit ist das Unvermögen, sich seines Verstandes ohne Leitung eines anderen zu bedienen . . . Habe Mut, dich deines eigenen Verstandes zu bedienen! . . . Faulheit und Feigheit sind die Ursachen, warum ein so großer Teil der Menschen . . . dennoch gerne zeitlebens unmündig bleiben; und warum es andern so leicht wird, sich zu deren Vormündern aufzuwerfen. Es ist so bequem, unmündig zu sein.«

Schon für Martin Luther war die Mündigkeit und Mitbestimmung jedes einzelnen Christen bei der Prüfung der »Lehre« zentral. Rückblickend muß man sagen, daß dies in der protestantischen Kirche nur ansatzweise gelungen ist. Zur Mündigkeit gehört, daß die Menschen den Mund aufmachen und nicht eine Struktur des Redens von der Kanzel, also von oben herab, vorherrschend bleibt. Aus diesem Grunde haben die Kirchen der DDR in den letzten zwanzig Jahren viel stärker das Gespräch oder das Seminar in den Mittelpunkt ihrer Arbeit gestellt. Viele neue Gruppen bildeten sich und nahmen die Herausforderungen unserer Zeit an. Die Tragkraft des selber verantworteten Glaubens erweist sich erst im prüfenden Dialog mit anderen. Der Dialog wurde geführt mit Andersdenkenden wie mit anderen Christen.

Grundbedingung des Dialogs ist, daß auch Christen sich nicht im Besitz der Wahrheit fühlen, sondern sich an den »Protestanten« Lessing halten, der schrieb: »Nicht die Wahrheit, in deren Besitz irgendein Mensch ist oder zu sein vermeint, sondern die aufrichtige Mühe, die er angewandt hat, hinter die Wahrheit zu kommen, macht den Wert des Menschen . . . Wenn Gott in seiner Rechten alle Wahrheit und in seiner Linken den einzigen Trieb nach Wahrheit, obschon mit dem Zusatze, mich immer und ewig zu irren, verschlossen hielte und spräche zu mir: ›Wähle!‹ Ich fiele ihm in seine Linke und sagte: ›Vater, gib! Die reine Wahrheit ist ja doch nur für dich allein!‹«

Wer sich im Besitz der Wahrheit wähnt oder ein Monopol auf die Wahrheit erhebt, hat immer den Drang zur Unterdrückung der anderen. Ja, dies kann zum heiligen Krieg führen, zum großen Befreiungskrieg der Wahrheitsbesitzer gegen die Irrenden. Der sozialistische »Protestant« Milan Machoveć sagte 1988 in einer Rede: »Das Monopol auf die Wahrheit wollten seit je nicht nur Despoten und Autokraten, sondern auch all jene haben, die in ihrem Unterbewußtsein die Schwäche der eigenen Überzeugung und so auch die Schwäche der Fähigkeit, andere zu überzeugen, ahnten. Die überzeugten Apostel einer tiefen Lehre dagegen sehnten sich immer auch nach einer Gelegenheit zu dialogischer Begegnung – denn wie soll man andere anders überzeugen als durch eigene tiefe Überzeugung? Die Darsteller der Monologe und der Monopole auf Wahrheit verursachten zwar immer viel menschliche Tragödien, aber im Augenblick der nuklearen Aufrüstung bedroht diese Unfähigkeit, sich den Dialog zu erschließen, das Fortbestehen der Menschheit auf unserem Planeten überhaupt.«

Ich meine, daß der Dialog in der Gesellschaft der DDR, der jetzt so erfreulich begonnen hat, diese Dimension einschließen muß. Für mich als Christen spielt in diesem Zusammenhang die Dialektik von Selbst- und Weltveränderung eine große Rolle. Es gibt den alten Spruch der Benediktinermönche »Ora et labora« – »Bete und arbeite«. Wir meinen heute, daß das Gebet ein Teil der Selbstveränderung ist, die uns Kraft gibt für die Weltveränderung. Kampf und Kontemplation hängen zusammen. Glaube ist die Kraft der Veränderung, die ins Innerste reicht und das Äußerste will. Es geht dem Glauben um äußerste Partizipation und um innerste Konzentration. Wir stellen neben die Revolution der Strukturen die Revolution der Barmherzigkeit. Auch dies ist ein Thema, das im Dialog mit den Marxisten wichtig bleibt. Christ sein heißt heute mehr denn je, aus einem »Dennoch« zu leben. Wer sieht, wie bedroht der Weiterbestand dieser Welt ist, mag leicht resignieren und nichts mehr tun. Christliches Handeln lebt aus dem »Dennoch« des Glaubens, der sich nicht vom sichtbaren Erfolg abhängig macht. So heißt es in der Bibel: »Glaube ist ein Nichtzweifeln an dem, was man nicht sieht, und eine Zuversicht auf das, was man hofft.«

# Die Menschheit reicht weiter

*Dankesrede anläßlich der Verleihung
der Carl-von-Ossietzky-Medaille
im Haus der Kulturen der Welt in Berlin (West),
10. Dezember 1989*

Liebe Frau Kujawa, liebe Antje Vollmer, meine sehr verehrten Damen und Herren, liebe Freunde, besonders aus der DDR!

Noch immer staunend, etwas benebelt gar, stehen wir vor den (Zwischen-)Ergebnissen einer deutschen Revolution, die so gewaltig ist, weil sie so gewaltlos ist. Sie wäre nicht gekommen, wenn nicht viele über viele Jahre hinweg ihren Kopf gebraucht und dann auch ihren Kopf hingehalten hätten. Wir haben die Ordnung des Big Brother zum Einsturz gebracht, und nun sind wir alle erst einmal ziemlich durcheinander und wünschen uns nicht, daß Ihr in der Bundesrepublik für uns Ordnung macht. Im Nebenzimmer der Hoffnung lauert die Sorge. Wo soll, wo wird es hingehen? (Und da höre ich jetzt auch schon die besorgten Stimmen der Juden und der Polen.)

Zerbrechlich ist unser Friede. Nur eine überreizte Wutreaktion, nur ein Toter – gleich auf welcher Seite – brächte uns wohl um alles, was erreicht wurde. Und die ganze große wunderbare Erfahrung, daß weiches Wasser den Stein bricht (und nicht nur eine schöne Liedzeile ist!), wäre ganz schnell vergessen. Jedes unserer Worte wiegt heute schwer. Zitternd und hoffend rufen wir uns Appelle zu. Und Parolen ergreifen schnell Massen. Die Stimme der Bedachtsamen droht im emotionalisierten Raum übertönt zu werden.

Viele große Worte von gestern sind zerbrochen – zertrümmert von denen, die »Sozialismus« sagten und dabei vornehmlich ihre unkontrollierbare, uns alle kontrollierende Macht meinten. Und so wird jetzt leider auch überdeckt, was sie an Gutem auf den Weg brachten. Wer von uns aber – ich kann es für Sie in der Bundesrepublik und Berlin nicht sagen –, wer von uns aus der DDR ist jetzt nicht aufgerissen, enttäuscht, verletzt, gefährdet – unberechenbar auch für sich selbst? Wir brauchen Zeit. Sie haben das gut verstanden, Antje Vollmer. Ich danke Ihnen.

Ich bin eigentlich immer noch mehr beglückt als in Sorge, aber wenn wir keine linke Bestätigungsversammlung sind, möchte ich mir die Freiheit nehmen, dies so zu sagen: In dieser Situation eine Medaille anzunehmen, die mit dem Namen dieses unbestechlichen Pazifisten verbunden ist, ist ein Risiko. (Eine beschämende Sache sowieso.) Ich sage dies auch angesichts der bisher Ausgezeichneten. Und doch danke ich Ihnen sehr, lieber Eckart Rottka, für Ihre »Invitatio«, mitverstehend und – mit der Tapferkeit vor dem Freund! – auch einredend, und nehme sie gern an. Zusammen mit Ihnen, Antje Vollmer – für alle, die in der anderen deutschen Republik gedacht und gewirkt, auch ausgehalten und durchgehalten haben. Also zuerst für meine Gefährten in Wittenberg. Und dann sage ich ein paar Namen, dahinter stehen Menschen, aber das soll auch andeuten, daß es um mehr als um diese geht. Ich nehme sie an für Jochen in Teltow, für Heino in Erfurt und Hans-Jörg in Königswalde, für Gisela in Nordhausen, Renate in Magdeburg, für Christof und Maria in Dresden und für Heiko in Güstrow, für Ruth und den großen schlichten Gottfried in Berlin. Für alle, die ich jetzt nicht nennen kann. Aber keiner von ihnen ist »namenlos«.

Wir sind dringeblieben in dieser unbeweglichen DDR und wissen jetzt nicht, was aus ihr werden wird, wir sind in den Strudel gerissen und wissen nicht, wo wir ankommen. In einer unvergleichlich dramatischen Situation schrieb Ossietzky 1932: »Der Oppositionelle, der über die Grenze gegangen ist, spricht bald hohl ins Land hinein. Der ausschließlich politische Publizist namentlich kann auf die Dauer nicht den Zusammenhang mit dem Ganzen entbehren, gegen das er kämpft, für das er kämpft, ohne in Exaltationen und Schiefheiten zu verfallen. Wenn man den verseuchten Geist eines Landes wirkungsvoll bekämpfen will, muß man dessen allgemeines Schicksal teilen.«

Ja, wir wollten nicht den Zusammenhang mit dem Ganzen entbehren, gegen das wir kämpften und für das wir kämpften. Aber auch das Wort »Kampf« ist uns verdorben worden, weil wir in allem im »Friedenskampf« waren, auch die Kampftruppen, und wer dagegen war, war gleich der Feind.

Unsere Befreiung wird auch eine Befreiung der Sprache werden. Und ich möchte an dieser Stelle ganz besonders unseren Schriftstellern danken, die hier die nötige Vorarbeit geleistet haben, ohne die wir auch die Sprache nicht gefunden hätten. Sie gehören, wenn hier DDR-Bürger geehrt werden, auch zu den Geehrten.

Ich bin Theologe und stehe in der Bewegung derer, die sich im Namen des Nazareners zusammentun, der nicht die Faust ballt, sondern die Hand ausstreckt und dann seine Arme ausbreitet über uns innerlich und äußerlich so zerrissenen und zerreißenden Menschen – der Friedfertigsein und Friedenstiften in einem Wort seligpreist.

Viele Jahre hindurch haben wir in Referaten, Seminaren und Thesenpapieren, in Werkstätten und Synoden, in kleineren und größeren Aktionen und nicht zuletzt in den zwölf Abschlußtexten der Ökumenischen Versammlung in Dresden vom April 1989 den Streit um die »Bedingungen des Friedens« geführt. Wir haben protestiert und gebetet, geklagt und gefeiert. Wir blieben eine Minderheit, oft genug verdächtigt, auch an uns selbst zweifelnd und an der Wirkungslosigkeit manchmal verzweifelnd. Wer hätte gedacht, daß das doch tiefer gewirkt hat, als wir es je ahnen konnten! Das gehört zu den wunderbaren Erfahrungen dieser Zeit!

Die Horizontverengung auf die DDR versuchten wir zu überwinden. Das Papier »Der Streit der Ideologien und die gemeinsame Sicherheit« (1987) wurde im Zusammenhang mit Gorbatschows neuer Politik, die aus »neuem Denken« kam, zu einer unschätzbaren Ermutigung für unser Tun und Denken – in der Krise unseres Landes, in der Krise unserer Welt. Gorbatschow hat uns unsere Sache nun machen lassen. Hoffentlich machen *wir* es nun auch so, daß wir ihm nicht schaden. Ich höre manchmal aus dem Westen so eine bißchen gönnerhafte Redeweise: «Wir wollen dem Gorbatschow nicht schaden.» Wer Gorbatschow schadet, schadet allen, uns allen in der Welt. Das, denke ich, ist das Problem.

In den letzten zehn Wochen wurden die Kirchen und die riesigen Kirchenräume landesweit sehr plötzlich Asylräume für den friedlichen Wandel. Christen, mit Nichtchristen vereint, sprachen im Angesicht des gekreuzigten Pazifisten aus, was sie belastete (auch in wilhelminischen Räumen übrigens ist immer noch *das* Symbol der gekreuzigte Pazifist!), sie erfuhren dort Entlastung und gewannen Entschlossenheit. Das lang entmündigte Volk erwies sich als sprachfähig, scharfsinnig und witzig. So schlecht kann die DDR nicht gewesen sein, hat Antje Vollmer neulich sinngemäß gesagt, wenn sie ein Volk hervorgebracht hat, das nach so einer Zeit sich so gut ausdrücken kann. Und: Lieber Günter Gaus, es ist keine Schande, sich mal geirrt zu haben; wir sind nicht nur eine »Nischengesellschaft«. Wir haben jetzt öffentliches Bewußtsein erfolgreich geprobt.

Nach Gebeten und Gesprächen, Protesten und Klagen kam es zur revolutionären Prozession auf den Straßen, weil wir es satt hatten, das tägliche Kreuz der Angst mit uns herumzuschleppen, und weil die öffentlichen Lügen friedensgefährdend wurden. So ging es nicht weiter. Zu viele gingen. Also gingen wir auch, und zwar auf unsere Marktplätze, die wieder zu Foren wurden. Das sollten wir uns erhalten. Die Kirchen übernahmen eine Vermittlungsaufgabe und ließen sich für den friedlichen Verlauf der Proteste in die Pflicht nehmen. Friedenspflicht – endlich eine lohnende *Pflicht.* Der Wandel geschieht so schnell, daß wir gar keine Zeit haben, die Erfolge zu genießen. Und was wir doch brauchen, ist Zeit!

Ich hatte das Gefühl, daß Jesus mit uns läuft. Und jetzt, da bisweilen eine »Kreuzige! Kreuzige!«-Stimmung aufkommt, sehe ich eine neue, noch schwierigere Aufgabe auf uns zukommen. An die Stelle der Unberechenbarkeit der Macht tritt die Unberechenbarkeit der Masse, die in ihrer Wut und Enttäuschung auch zur Selbstjustiz greifen kann. Die Projektion der ganzen Schuld auf die anderen, auf die Oberen von gestern, läßt die eigene Mitschuld allzuleicht vergessen.

Und Sie, die Älteren, wissen, daß wir das schon einmal gemacht haben. Vielleicht lernen wir doch. Die Aufgabe von uns Christen und Kirchen ist es, auf unsere Mitschuld zu verweisen, aber nicht so, daß wir nun wieder den Zeigefinger nehmen. Wir haben nur in unterschiedlicher Weise von der Lüge genascht. Aber alle haben davon genascht ...

Nachdem wir Wahrheit und Frieden zusammensehen lernten, müssen nun auch Recht und Frieden zusammenkommen. Und das Recht muß konsequent wahrgenommen werden – um des Friedens willen. Die Sicherheitspartnerschaft in Bürgerkomitees wird zur Partnerschaft des Friedens. Von den Erfahrungen unmittelbarer politischer Mitwirkung sollten wir etwas hinüberretten in eine neue lebendige politische Kultur, statt einfach eine Kopie der westdeutschen Parteiendemokratie zu machen, indem wir eben nicht für vier Jahre Verantwortung delegieren. Auf all das Erreichte sind wir nun nicht etwa stolz. Ich kann sagen: Wir sind dankbar.

Ich empfinde keinerlei Triumph über die darniederliegende anmaßende Allmachtspartei, die ihre Macht auf dem Mielke-Orwellschen-Wahrheitsministerium aufbaute. Der Mielke-Sozialismus hat das Wort Sozialismus auf dem Gewissen, weil er alles diskreditierte, was nicht Mielke-Sozialismus war. Was Ideale überhaupt noch wert sind, ob sie nicht kontraproduktiv wirken, fragen nun viele und sagen einfach: »Freies Spiel der Kräfte« und »Markt – das funktioniert!« Helfen Sie uns, daß wir wieder eine Vision bekommen, für die es sich lohnt zu streiten und aus der wir auch praktisch erfahrbar etwas schaffen. Sonst bleiben nur noch die Worte: freies Spiel und Markt. Nachdem wir die Parteienherrschaft abgeschüttelt haben, lauern neue Gefahren für den inneren und äußeren Frieden ... Sind wir Deutschen besonders feige, wenn wir in einem Befehlssystem leben und ohne Anstrengung unseres Gewissens gegen unsere Überzeugungen »diszipliniert« handeln? Und werden wir nicht mutig, sondern übermütig, sobald der äußere Druck wegfällt? Die Feigen von gestern sind die Radikalen von heute. Für mich ist es erstaunlich und erbärmlich, was da alles an die Oberfläche kommt und sich als besonders mutig ausgibt. Bis wir soweit gekommen sind, bedurfte es so vieler vergeblicher Schritte und so vieler menschlicher Verluste ... Vor allem viele »Deutschland, Deutschland«-Rufer muß ich dazu zählen. Erschreckend auch, wie fruchtbar der Schoß noch ist, aus dem das kroch. Was steckt da in uns Deutschen? Lassen wir das nicht bloß die Juden fragen, sondern fragen wir uns selber: Was steckt da in unserem kollektiven deutschen Unterbewußten – unaufgearbeitet auch in unserem Land!

Nachdem jahrzehntelang alles mit Macht zugedeckt wurde, was Menschen dachten und fühlten, kommen nun auch eifrige Mittäter und langgeduckte Mitläufer, erheischen Zustimmung durch radikale politische Kürzel, übertrumpfen sich in ihren Forderungen, und die westlichen Medien verbreiten es in alle Welt: Immer wieder ein neues Sensatiönchen suchend, das sich verkaufen läßt. Und das wirkt wieder verstärkend in unser Land hinein. Wer lange Zeit nicht offen sagen konnte, was er dachte, droht nun auch öffentlich zu sagen, was noch nicht ausreichend bedacht ist. Bewegung wird alles. Das Ziel verschwimmt.

Der Einspruch differenzierender politischer Vernunft wird wichtiger denn je. Wird er noch hörbar werden? Schon werden wir als »Linke und Rote« ausgepfiffen, nachdem wir noch vor acht Wochen »Konterrevolutionäre« waren. Noch habe ich die Hoffnung. Ich meine: Politisches Denken erfordert historisches Nachdenken und prognostisches Folgedenken. Alles andere wäre nur die kurzfristige Befriedigung von Emotionen, aus denen erneutes bitteres Erwachen kommen kann.

Am 4. September habe ich in einem Vortrag in Leipzig gesagt, daß die nationale Frage im Zusammenhang mit der Frage nach unserer fehlenden DDR-Identität zu den Explosivthemen der DDR gehört, wenn sie nicht bearbeitet wird. Die Staatsmacht war indessen mit anderem beschäftigt als mit Denken! Das mache ich ihr zum Vorwurf. Am 1.10.1989 hat unsere Friedensgruppe an Michail Gorbatschow anläßlich seines DDR-Besuchs einen Brief gerichtet. Wir schrieben darin: »Wir sind in Sorge, daß beim Ausbleiben von politischen und ökonomischen Reformen in der

DDR und beim Festhalten an überholten ideologischen Positionen der gesamteuropäische Friedensprozeß gestört wird, daß weitere nationale Stimmungen und Stimmen aufkommen und daß dem Anliegen und der Überzeugungskraft der sozialistischen Ideen und Werte geschadet würde. Wir sind für eine lebensfähige, die Menschen überzeugende demokratische, sozialistische deutsche Republik.«

Dabei wollen wir auch bleiben.

Es gehörte keine besondere politische Prophetie dazu, dies zu fürchten, aber daß es so eruptiv kam, hätte wohl kaum jemand gedacht. Angesichts der Implosion des Machtsystems und der ökonomisch-ökologischen Ausweglosigkeiten kommen nun gesamtdeutsche Sehnsüchte auf, genährt durch einen schon fertigen, verlockenden Zehn-Punkte-Plan, der eine wohlfeile baldige Vereinigung verspricht. Vielleicht schlagen nun gar nationale Sehnsüchte um in nationale Stimmungen! Die Ausländer hüben und drüben haben ein feines Gespür dafür. Wir sollten deshalb um des Friedens willen nie wieder aufkommende nationale Stimmungen unterdrücken, uns aber auch nicht von diesen Stimmungen überrollen lassen. Ich gestehe, daß ich auch Angst vor meinem eigenen Volk habe.

Wir in der DDR sollten zum »Staatsvolk« der DDR gemacht werden, und nun wollen viele aus erfahrener Kränkung nur noch »Deutsche« sein – möglichst ohne Erinnerung.

Die sozialistische deutsche Alternative hatte sich achtundzwanzig Jahre lang eingemauert, nannte dies einen antifaschistischen Schutzwall und tabuisierte die deutsche Frage, wobei die DDR natürlich eine konsequente antifaschistische Politik betrieb. Aber die Bearbeitung nach innen passierte auch bei uns nicht ausreichend. Also: Das wäre noch ein gesamtdeutsches Thema, ohne daß wir ein »Gesamtdeutschland« zu werden brauchten!

Nach dem Desaster ist die Gegenreaktion: Kein Sozialismusexperiment mehr! nur allzu verständlich. Wer gibt die Garantie, daß wir nicht gleich wieder Versuchskaninchen einer großen Idee werden, wobei der gute, große Zweck wieder die bösartigen und kleinlichen Mittel rechtfertigen könnte, werde ich gefragt, weil ich den Appell »Für unser Land« unterschrieb.

Ich weiß nicht, meine Damen und Herren, ob Ihnen im Westen bewußt ist, daß der entscheidende Tag für unser Land nicht der 9. November 1989 war, sondern der 9. Oktober 1989 in Leipzig und vielleicht noch der 4. November in Berlin, als noch kein einziger nationaler Spruch zu hören war. Da waren wir ein selbstbewußtes Volk in der anderen deutschen Republik. Diese Leute, die da mitgegangen sind, gibt es auch jetzt noch, und sie tragen auch jetzt keine anderen Parolen. Ich denke, wir müssen den Streit in unserem Land organisieren dürfen. Den Durchbruch haben die geschafft, die am 9. Oktober in Leipzig mitliefen und ahnten, was geschehen könnte, die sich an den Händen faßten und losgingen, die chinesische Angst im Bauch und die Sicherheitsmaschinerie vor Augen.

Erst im nachhinein wird uns klar, was an diesem Tag auf dem Spiel stand und wozu die führenden alten Männer unseres Landes bereit gewesen wären. Es ist nicht auszudenken. Noch immer streitet man darum, wem der friedliche Ausgang letztendlich zu verdanken ist. Es sind einige Männer, die darum streiten. Was mich neben dem Mut einzelner Persönlichkeiten beeindruckt, sind Informationen darüber, daß viele Uniformierte zur Befehlsverweigerung entschlossen waren. Nicht einzelne – viele!

Und da ich viele von denen kenne, die nicht mehr genannt werden, möchte ich an den Gewaltlosigkeitsappell der drei Leipziger Gruppen erinnern. Dieser Appell im Sinne von Martin Luther King wurde in den Kirchen verlesen. Verfaßt haben ihn Leute, die schon jahrelang in der Demokratiebewegung unseres Landes gestanden haben, besonders junge Leute. In dem in den Kirchen verlesenen Appell heißt es: »Auch der letzte Montag in Leipzig endete mit Gewalt. Wir haben Angst. Angst um uns selbst, Angst um unsere Freunde und um den Menschen neben uns und Angst um den, der da in Uniform uns gegenübersteht.« Nicht Angst *vor* dem – sondern Angst *um* den, der da in Uniform uns gegenübersteht! »Wir haben Angst um die Zukunft unseres Landes. Gewalt schafft immer Gewalt. Gewalt löst keine Probleme, ist unmenschlich. Gewalt kann nicht das Zeichen einer neuen, besseren Gesellschaft sein.« Und dann folgen einige konkrete Hinweise für das Üben der Gewaltlosigkeit. Am Schluß heißt es mit Blick auf die Einsatzkräfte: »Reagiert auf Friedfertigkeit nicht mit Gewalt. Wir sind ein Volk. Gewalt unter uns hinterläßt ewig blutende Wunden. Partei und Regierung müssen vor allen für die entstandene ernste Situation verantwortlich gemacht werden. Aber heute ist es an uns, eine weitere Eskalation der Gewalt zu verhindern. Davon hängt unsere Zukunft ab.«

Sie bekennen sich zu ihrer Angst, auch um die Uniformierten. Wenn Sie diesen Text mit ein paar Veränderungen auf das beziehen, was Antje Vollmer über die Terroristen sagte, dann sind das vielleicht auch Worte, die uns verbinden können.

Mit dem Wort »ein Volk« war gemeint: ein Volk *in* der DDR. Viele Monate lang lauteten die Rufe derer, die aus dem Friedensgebet der Nikolaikirche kamen: »Wir wollen raus!« Später wurde daraus das trotzige: »Wir bleiben hier!« Und als es dann sehr viele wurden, die auf die Straße drängten und dort ihren meist gleichaltrig uniformierten Mitbürgern gegenüberstanden, riefen sie: »Wir sind das Volk!« Nachdem dann das ganze Ausmaß der Korruption und des Machtmißbrauchs der Parteiführung und Staatsmänner ruchbar und das Ausmaß der Schäden für das ganze Land deutlich wurden, kam der Ruf – und jetzt in einem anderen Sinn als vorher: »Wir sind ein Volk!« Oder: »Deutschland, einig Vaterland!« Seitdem geht eine Spaltung, ein Riß durch unser Land.

Daß angesichts der erkämpften politischen Freiheit nun die Einheit in den Vordergrund tritt, hat wohl zwei Gründe:

1. Das ökonomisch-ökologische Desaster der DDR neben der wirtschaftlich so potenten Bundesrepublik wird zum schnellen Wiedervereinigungswunsch, um unsere Probleme – unsere ökonomischen – schnell zu lösen.

2. Das Desaster der Partei, die auch das Wort »Sozialis-

mus« mit sich in den Abgrund gezogen hat, die einen Sicherheitsapparat aufbaute, der das Volk von seinen Führern abschirmte, ihr Wohlleben deckte und ein atemberaubendes Spinnennetz über das ganze Land legte.

Wir haben Freiheit gewonnen, und gleichzeitig ist unsere Handlungsfreiheit enorm eingeschränkt. Gekränkte Menschen sind unberechenbar.

Nicht zuletzt die neuerliche Kränkung der DDR-Deutschen, die bei ihrer sehr plötzlichen Reisefreiheit mit der Wertlosigkeit ihres auch sauer verdienten Geldes konfrontiert werden, nährt den Wunsch nach der sogenannten Wiedervereinigung: auch und besonders mit der D-Mark. In beiden deutschen Staaten sehe ich uns vor die Aufgabe gestellt, diese Stimmen nicht zu unterdrücken, sondern sie aufzunehmen, indem wir sie in die größere Perspektive eines geeinten Europas stellen. Eine faire Vertragsgemeinschaft zwischen beiden deutschen Staaten könnte uns helfen, auch eine europäische Sicherheitspartnerschaft zu organisieren, die die ökonomischen, ökologischen und militärischen Probleme im Interesse aller berücksichtigt.

Noch haben wir Zeit, die Einheit Deutschlands mit der Einigung Europas zu verbinden, und nicht anders! Dazu gehört eine umfassende Abrüstung. Wer, wenn nicht wir Deutschen, sollte ein vitales Interesse an militärischer Entrümpelung haben, da doch beide Länder in gegensätzlichen Militärbündnissen integriert und beide Territorien die explosivsten Waffenlager sind. Wir Deutschen haben ein natürliches Interesse am Frieden, wie alle Europäer ein natürliches Interesse daran haben, daß Deutschland nie wieder militärisch stark wird. Die deutsche Frage gehört auch auf den Tisch der Konferenz für Sicherheit und Zusammenarbeit in Europa.

Wer überdies die Wasserstandsmeldungen der Sintflut bereit und in der Lage ist zu lesen kann wissen: Gelingt uns in Ost und West die öko-soziale Weltrevolution nicht, werden wir in absehbarer Zeit in der öko-sozialen Katastrophe enden. Das Stichwort, das Lösungsstichwort hat – denke ich – Michail Gorbatschow im Dezember '88 vor der UNO ausgesprochen. Er hat eingeladen zu einer »globalen Solidarität« – und da sollte *uns* die Nation nicht das wichtigste sein.

Und: nicht nur der graue Osten, auch der glitzernde Westen braucht grundlegende Reformen! Eine erste und wohl am leichtesten durchführbare Maßnahme wäre die Beseitigung des Rüstungsmolochs und der Aufbau einer ökologisch orientierten Konversionsindustrie.

Zum Schluß eine kurze Erinnerung, die ein Stückchen Weg beschreibt und auch ein bißchen davon erzählt, daß wir etwas erreicht haben. 1981/82 gab es in der DDR eine Friedensbewegung unter dem runden Symbol »Schwerter zu Pflugscharen«, unter der politischen Parole »Frieden schaffen ohne Waffen« und unter der Perspektive, daß Schwerter zu Pflugscharen werden sollten, die in der Dritten Welt für das tägliche Brot sorgen. Eine biblische Vision führte uns zur politischen Inspiration und damit zum Konflikt mit einer Staatsmacht, die sich in allem als Friedensmacht deklarierte.

1983 haben wir in Wittenberg des Nachts ein Schwert umgeschmiedet und gesagt: Nachdem das Symbol nicht mehr gezeigt werden darf, wollen wir zeigen, wie man es macht. Eine langwierige Arbeit, nicht nur für den Schmied. Aber wir sahen, daß es geht, wie es geht. Beim Schmieden hieß es – anschließend an die biblische Vision:

Wenn wir umbauen
die Raketenmäntel zu Wasserbehältern,
die Zerstörer zu Passagierdampfern,
die Kampf- zu Rettungshubschraubern.

Wenn wir umdenken
die Feinde in Partner,
die Macht in Verantwortung.

Wenn wir umsetzen
die Worte in Taten,
die Träume in Wirklichkeit,
dann könne wir auch
auf das geschundene Wort Frieden
verzichten.

Das wurde Wirklichkeit: SS-20-Raketenschlepper wurden zu Straßenkränen – entschuldigen Sie das Wort – »umgerüstet«.

Solche Konversion kann und muß weitergehen. Und solche technische Konversion bedarf menschlicher Konversion: unserer Wandlung in Menschen des Friedens. Sie darf die Anstrengung der politischen Vernunft nicht scheuen. Wir können von dem scharfsinnigen Pazifisten Ossietzky lernen, der vor siebzig Jahren schrieb: »Wir leben inmitten einer großen Evolution. Es kehrt so etwas wie ein europäisches Bewußtsein wieder. Man schämt sich nicht länger, öffentlich auszusprechen, daß die Menschheit weiter reicht als die Fahnen des Landes ... Das ist der Übergang in einen neuen Zustand ... Das geistige Fundament des Krieges wankt.«

Meine Damen und Herren, ich wäre froh, wenn wir in beiden deutschen Staaten uns darauf verständigen könnten, stets Frieden *vor* Einheit zu sagen, damit wir schließlich einmal Einheit in Frieden gewinnen. Wenn wir eine europäische Friedensordnung gewinnen, so wäre das ein Gewinnen, bei dem keiner verliert, sondern alle gewinnen – und keiner mehr Angst vor uns Deutschen zu haben braucht.

Die Menschheit reicht weiter als die Fahnen unseres Landes.

# Eine biblische Vision und unser Werden zu Menschen des Friedens

*Gespräch über Pazifismus mit Bettina Urbanski*

B. URBANSKI: Die Idee des Pazifismus entspringt der uralten Sehnsucht der Menschen nach Gewaltlosigkeit, nach Frieden und Harmonie. Dagegen steht unsere zerrissene, waffenstarrende Welt, trotz erster Abrüstungsschritte regiert von Gewalt und Machtinteressen. Wie wird einer in einer so auf Kampf eingestellten Welt zum Pazifisten?

F. SCHORLEMMER: Mir ist Anfang der sechziger Jahre klargeworden, daß es ein Irrsinn wäre, wenn wir die Waffen, die es gibt, anwenden würden. Ein zukünftiger Krieg wäre ja gar kein Krieg. Man hätte ihn nicht Weltkrieg, sondern Weltuntergang nennen müssen. Auch ein Verteidigungs- oder Kriegsministerium müßte Untergangsministerium heißen. Ein Wehrdienstverweigerer ist eigentlich ein Untergangsdienstverweigerer. Und das ist bis heute so.

Mein Pazifismus hat zum einen mit dem Atompazifismus im Nuklearzeitalter begonnen – seit der Kuba-Krise im Oktober 1962 wußten wir ja, daß der Weltuntergang auf der Tagesordnung steht. Das andere war für mich, daß wir Deutschen zwei Weltkriege angezettelt haben.

Mir und meinen Freunden war wichtig, daß Deutsche nie wieder so zu Schuldigen werden. Deshalb habe ich 1962 den Wehrdienst verweigert. Ich wollte persönlich ein Zeichen setzen, für eine Zivilleistung bereit sein. Zumal ich in den Konflikt kam zwischen dem Gebot in der Bibel: »Du sollst nicht töten« und dem Gebot als Soldat: »Du sollst töten«, ansonsten begehst du eine Befehlsverweigerung.

Das Gebot, nicht zu töten, knüpft an urchristliche Quellen an. Die Christen hatten ja den gewaltlosen Friedefürsten auf ihr Panier geschrieben, der sagte, wer zum Schwert greift, wird durch das Schwert umkommen. Und das sogar in einer

Situation, als es um sein eigenes Leben ging, also – wenn man so will – um Verteidigung. Er wollte die Kette von Gewalt und Gegengewalt durchbrechen.

B. URBANSKI: Genau das ist ein Punkt, der viele Zweifel und Fragen hervorruft. Einen Angriff – ganz gleich auf welcher Ebene, ob nun geistiger Natur oder materieller – hinzunehmen, bedeutet noch lange nicht, diese Kette zu durchbrechen. Darum stehen für mich das Anbieten, das Schaffen von Frieden und die Bereitschaft zum Frieden in einer widersprüchlichen Wechselbeziehung.

F. SCHORLEMMER: Das Verhältnis zwischen Frieden stiften und friedfertig sein ist ein Problem, das mich bis heute bewegt. Man kann friedfertig sein und nichts tun, nur erdulden. Oder aber aktiv werden. Ein Pazifist ist für mich nicht derjenige, der sagt, ich lehne Gewalt ab, sondern nur jemand, der sich dafür einsetzt, daß keine Gewalt mehr stattfindet. Das heißt, nur ein aktiver Pazifismus ist ein christlicher. Alles andere wäre eine Dulderideologie, eine bloße Dulderideologie.

Ein wirklicher, großer Pazifist ist für mich Dietrich Bonhoeffer, der sich zu einem Widerstandskämpfer gegen den Tyrannen entwickelt hat, dabei aber immer Pazifist blieb. Die geistige Verbindungslinie ließe sich weiterziehen bis hin zu Gandhi und Martin Luther King.

Für mich ist Frieden also Sein und Tun zugleich. Oder anders ausgedrückt: Nur der kann Frieden stiften, der selber auch ein Mensch des Friedens, also friedfertig ist.

B. URBANSKI: Nun sind Sie ja als durchaus streitbarer Mann bekannt, in diesem Sinne wohl auch Verkörperung dessen, daß pacificus Frieden machend bedeutet.

F. SCHORLEMMER: Ja, ich muß diesen Widerspruch von Frieden stiften und friedfertig sein auch in mir lösen. Immer wieder, denn manchmal entdecke ich an mir Aggressionen. Die nicht auf andere zu übertragen, bemühe ich mich. Um das mal ganz konkret zu schildern: Ich bekomme eine wahnsinnige Wut, wenn ich merke, daß Leute alles daransetzen, dem Herrn Modrow ein Bein zu stellen. Ich muß dieses Gefühl verarbeiten, meine Meinung so sagen, daß ich deutlich mache: Weil es mir um den Frieden geht, geht es mir um die Stabilität der Regierung Modrow.

Aber noch mal zu Ihrer Frage. Pazifismus heißt, für Frieden kämpfen, sich dafür einsetzen. Nicht einfach der Gewalt das Feld überlassen. Insofern stimmt es schon – kämpferischer Pazifismus, obwohl das eigentlich der höchste Widerspruch ist. Kämpferischer Pazifismus heißt aber nicht, daß ich mit äußerer Gewalt Frieden erzwinge. Das wäre die Pax Romana – also ein Frieden, der mit Gewalt erhalten wird.

B. URBANSKI: Genaugenommen ist in unserem Land bis in die jüngste Vergangenheit ein Trugbild inneren »Friedens« mit Macht erzwungen worden. Noch im Oktober drohte diese Befreiung durch die Honecker-Führung in offene Gewalt umzuschlagen.

F. SCHORLEMMER: In unserer Gesellschaft, im real existierenden Stasiismus, gab es keinen inneren Frieden. Die Ruhe wurde durch die Angstherrschaft der Stasi aufrechterhalten, die ein Spinnennetz über uns ausgebreitet hatte. Im Auftrag und zum Schutz jener Herren, die jetzt in ihrem hohen Alter hinter Gittern sitzen.

Es ist eine gewisse Ironie – Herr Axen, der gerade zu einer Augenoperation in Moskau war, hat immer davon gesprochen, wir werden unsere Macht wie unseren Augapfel hüten. Macht? Ich dachte immer, es ginge um unsere Idee, die Werte des Sozialismus. Nein, Macht hat er gesagt! Das heißt also auch mit Macht. Mit der Macht der Staatssicherheit, die unser Land so zerrüttet hat.

Erst im nachhinein wird klar, wozu die führenden alten Männer bereit gewesen wären.

B. URBANSKI: Es gab die sehr begründete Angst vor einem »Himmlischen Frieden« . . .

F. SCHORLEMMER: Die Leute gingen mit der chinesischen Angst im Bauch auf die Straßen. Ich habe das erlebt in Leipzig. Wie war die Stadt belagert. Sie können sich das nicht vorstellen.

In dieser bedrohlichen Situation ist etwas ganz Wunderbares passiert. Drei der Kirche nahe Gruppen in Leipzig haben am 9. Oktober den Appell zur Gewaltlosigkeit verabschiedet, der dann in den Kirchen verlesen worden ist. Leute, die jahrelang unter starker Bespitzelung und Bedrängung der Staatssicherheit standen, bekannten sich darin zu ihrer Angst, auch zu der Angst um die Uniformierten und mahnten: Gewalt löst keine Probleme, ist unmenschlich. Gewalt kann nicht das Zeichen einer neuen, besseren Gesellschaft sein.

B. URBANSKI: Eine alles kontrollierende, scheinbar unkontrollierbare Macht ist ohne Gewalt gebrochen worden. Bliebe diese Revolution, was sie im Beginn war, könnte sie zu einer Bestätigung der Idee der Gewaltlosigkeit werden. Doch die Eigendynamik der Entwicklung befördert nun jene auf die Straßen und Plätze, deren Parolen nicht unbedingt von Toleranz und Nachdenklichkeit, von friedfertigen Positionen künden.

F. SCHORLEMMER: Überhaupt nicht von Positionen, glaube ich. Aber ich versuche, diese Menschen zu verstehen. Wo sollen sie mit ihrer Wut hin. Mit ihrer Wut darüber, was hier mit ihnen gemacht wurde, und mit der Wut darüber, daß sie ja mitgemacht haben. Was tun sie? In der Mehrheit suchen sie einen Sündenbock, und der heißt einfach SED.

Außerdem erleben wir jetzt, daß jene Leute, deren Bilder überall an den Wänden hingen – in den Kneipen, in den Büros, in den Schulen –, hinter Gittern sitzen. Es wird also klar, alles ist noch viel schlimmer als gedacht. Wir sind von Verbrechern regiert worden, die uns hehre Ideale vorgegaukelt haben. Dieses System, so wie es aufgebaut wurde, ist im Grunde von Übel gewesen, weil es anderrs lebte, als es verkündete. Und zwar radikal.

Nachdem nun alles kaputt ist, wirft man sich einfach einem wirtschaftlich und politisch funktionierenden System an die Brust. Dahinter steckt der Gedanke: Keinesfalls sollen die wieder die Macht ergreifen, die uns in diesen Abgrund geführt haben. Und auch der: Wir wollen, da wir auch Deutsche sind, so leben wie die dort im reichsten Land der Welt.

B. URBANSKI: Und die neue Reisefreiheit bestätigt dem DDR-Bürger die alte Erfahrung, daß seine Mark weniger wert ist als die des Nachbarn.

F. SCHORLEMMER: Eigentlich ist das eine neue Form der Selbstentmündigung, was gerade passiert. Wir sind nichts, und ihr seid alles – die Selbstwertkränkung des DDR-Bürgers über Jahrzehnte bricht sich so Bahn. Jetzt läßt man sich gerne verlocken, verführen vom Fetisch der harten Währung. Möglichst ohne Nachdenken über die Ganzheitlichkeit der Welt, ohne Erinnerung an die Geschichte.

Es ist kein Wunder. Alle Ideale sind so gründlich zerstört worden, nun will man keine mehr ... Ich bin zum linken Spinner geworden, noch vor wenigen Monaten war ich ein rechter Provokateur.

B. URBANSKI: Dennoch. Ideale, Visionen haben die Menschheit vorangebracht. Ohne Menschen, die über das Ich, das Hier und Heute hinausdenken, wäre Entwicklung nicht möglich. Sie haben es allerdings schwer, in unserem fiebergeschüttelten Land gehört zu werden, das vielen nun der Nabel der Welt zu sein scheint.

F. SCHORLEMMER: Was wir erleben, ist die Verengung des Horizonts auf Deutsch-Deutsches, ist die Flucht vor der schmerzlichen Erkenntnis, daß die Art, zu leben wie in der Bundesrepublik, zerrüttend ist. Zerrüttend für die Dritte Welt, für die Natur ...

Wir erleben zugleich, wie die Revolution ihre Väter entläßt. Die Sensiblen, die Nachdenklichen, die Besorgten, die politisch Engagierten haben es tatsächlich schwer, gehört zu werden. Jetzt heißt es, daß diese Leute sich nicht zurückziehen, resignieren, sondern sich einmischen. Jetzt wirkt sich aus, daß wir uns selber nie ganz wichtig waren. Das politische Nachdenken bezog sich kaum auf unsere eigene Realität, es war nur reflexiv, in der Nische vor dem Fernseher mit dem ZDF-Programm. Vordenker und Vorsprecher wie Christa Wolf haben uns geholfen, uns selber wichtig zu nehmen. Aber machen wir uns keine Illusionen. Wie viele Menschen haben solche Bücher gelesen, konnten sie lesen.

B. URBANSKI: Also stehen die eigentlichen Veränderungen sowohl des Menschen als auch seiner großen und kleinen Welten noch bevor?

F. SCHORLEMMER: Ich glaube, das Verhältnis von Weltveränderung und Selbstveränderung wird zu einem Grundproblem unserer Zukunft. Wir stehen vor einem weltweiten Paradigmenwechsel. Der Mensch muß klären, wer er denn sein will. Wie er mit sich und der verbliebenen Restwelt, einer immer noch schönen, aber unglaublich gefährdeten Welt weiterleben will. Und wir sagen deutsche Einheit. Das ist in diesem Zusammenhang so unwichtig.

Man kann nur anknüpfen an eine Bescheidenheitskultur. Keine asketische, aber eine Kultur, die Werte woanders sucht als im Konsum. Wenn der Mensch sich als Homo consumens definiert und seine Lebenspraxis die des Prometheus ist, sind wir bald am Ende. Der Mensch ist ein Nimmersatt, das war er in der gesamten Geschichte.

B. URBANSKI: Glauben Sie, an diesen Grundeigenschaften etwas ändern zu können? Dem Guten im Menschen wendeten sich Dichter zu. Der Versöhnung des Menschen mit seinesgleichen und mit der Natur haben sich Generationen gewidmet. Die Aufklärer versuchten es mit Erziehung, Marx wollte die Produktionsverhältnisse verändern ...

F. SCHORLEMMER: Ich bin kein Aufklärer in diesem Sinne. Und der Grundirrtum von Marx war, er ging davon aus, daß der Mensch gut sei, man müsse ihm nur entsprechende Bedingungen schaffen.

Als Theologe muß ich erstmal die Wahrheit über den Menschen sagen. Und die Wahrheit ist, daß er ein Nimmersatt ist. Die Wahrheit ist, daß er Kain ist, der den Abel nicht dulden kann, daß er – wie Luther sagt – in sich gekrümmt ist. Er ist ein Sünder. Einer, der sich selbst zu Gott macht. Oder andere zu Götzen macht, denen er sich dann unterwirft und die er gleichzeitig haßt. Und doch die Gehaßten wieder braucht.

Das christliche Prinzip geht von diesem gespaltenen Wesen aus, gibt ihm damit zugleich die Ermutigung, daß er schon Mensch ist, nicht erst dazu werden muß. Ein Angenommener also, der sich darum selbst annehmen kann, der geliebt wird, damit er lieben kann, dem Gnade zuteil wird, damit er vergeben kann.

Das Solidarische ist dem Menschen nicht angeboren, aber

er kann durch eigene Erfahrung dazu befähigt werden. Dahinter steht der Gedanke, wem Versöhnung zuteil wird, der kann sich für Versöhnung einsetzen. Und – wir sind wieder beim Anfang – der kann friedfertig sein und Frieden stiften.

B. URBANSKI: Neben dem Gebot zum Frieden, zur Friedfertigkeit, steht in der Bibel der Gedanke der Rache. Diesen Widerspruch findet jeder in sich selbst, er ist wohl so alt wie die Menschheit und gerade jetzt aktuell.

F. SCHORLEMMER: Im Alten Testament ist der Rachegedanke verbunden mit dem Wunsch, es soll reiner Tisch gemacht werden. Die biblische Geschichte versucht aber gerade zu sagen, das Ziel bleibt die Versöhnung.

Die Wirklichkeit ist, daß wir gerne mal unser Mütchen kühlen und nicht merken, daß wir nie nur Opfer, sondern in unterschiedlicher Weise immer auch Täter sind.

Der Rachegedanke birgt es nun mal in sich, Opfer und Täter zugleich zu sein. Darum geht es nicht so weiter, daß wir die Gesellschaft auf diese Weise zweiteilen. Nur dann, wenn wir dies einsehen, können wir uns versöhnen und in einer Gesellschaft leben, in der niemand Angst haben muß. Dabei hat die Kirche erneut eine Mittlerfunktion. Sie versucht – immer schon –, die Verbindung herzustellen zwischen dem inneren Frieden des Menschen, dem Frieden des Landes und dem Frieden der Welt. Das ist der Gedanke des Abendmahls, bei dem sich Gerechtigkeit und Frieden küssen (Psalm 85).

B. URBANSKI: Ein biblisches Wort stand auch am Beginn der unabhängigen Friedensbewegung. Das Wort des Propheten Micha von den Schwertern, die zu Pflugscharen, den Lanzen, die zu Sicheln werden.

F. SCHORLEMMER: Diese biblische Vision führte Anfang der achtziger Jahre zu einer politischen Inspiration. Es sollte ein Frieden ohne Waffen geschaffen werden, die Schwerter sollten als Pflugschare in der Dritten Welt für das tägliche Brot sorgen. Diese Vision brachte zugleich die direkte Konfrontation mit einer Staatsmacht, die sich vorbehielt, allein die Friedensmacht zu sein. Dennoch: Unser Traum wurde ein Stückchen Wirklichkeit, SS-20-Raketenschlepper sind nun Straßenkräne. Aber die Konversion muß weitergehen. Es bedarf nicht nur technischer, sondern auch menschlicher Konversion: unsere Wandlung in Menschen des Friedens.

# Die Macht des Dornstrauchs

*Meditation im Gebet um Erneuerung in der Schloßkirche zu Wittenberg, 30. Januar 1990*

Menschliche Erlebnisse und Erfahrungen wurden durch die Jahrtausende in Mythen, Märchen und Fabeln zusammengefaßt und den nachfolgenden Generationen weitervermittelt, als Lehre, als Warnung, als Ermutigung.

Ein Mythos: Die Griechen erzählen von Herkules, der im Stall des Augias ausmisten soll und der erst beim Beginn des Ausmistens merkt, wie hoch der Mist liegt und wie alles mit allem so stinkend zusammenbackt, daß es selbst für den Helden Herkules zuviel wird.

Vor ihm waren ja schon unendlich viele Kommissionen eingesetzt worden, um der ständig steigenden Vermistung zu wehren. Sie kamen zusammen zu Sonderparteitagen, zu Runden und Grünen Tischen auf allen Ebenen. Und was mußten sie mitbekommen: Die Daten waren verfälscht worden, die Höhe des Mistes war nun gar nicht mehr zu messen, mit spitzem Bleistift war der Mist einfach weggelogen worden, und die Lügner hatten dafür Prämien bekommen, für die es dann wieder keine Warendeckung gab, aber der Mist wurde dadurch immer höher. Schließlich stellte sich heraus, daß es nicht möglich ist, alles ganz auszumisten und daß es am realistischsten wäre, wenn jeder aus einem Stückchen Mist Humus macht.

Soweit ein Mythos. Und nun ein Märchen.

Das deutsche Märchen erzählt von des Kaisers neuen Kleidern. Heute müssen wir wohl zufügen, daß die hohen Herren, vor denen das Volk noch vor wenigen Monaten herzog, nicht nur nackt, sondern sogar schmutzig, sehr schmutzig sind und uns belogen und betrogen haben. Sie haben uns belogen, wir haben sie belogen, so waren wir uns einig. Beim Jugendweihegelöbnis, bei Unterschriftenaktionen, am 1. Mai wie am 8. Mai. Wir haben ihnen zugewinkt, wir haben sie gewählt. Wir können uns rühmen, heldenhaft geschwiegen zu haben. Wenige Kinder gab es, die offen sagten, daß der Kaiser doch nackt sei. Nun wissen wir es alle und sagen es ganz laut, immer lauter, und können uns gar nicht genug daran tun.

Eine Fabel, die Jothamsfabel, die im Alten Testament überliefert wird: Jotham, der Sohn eines demokratisch gewählten Repräsentanten des Volks, erzählt sie. Er fragt das Volk, ob es besser sei, wenn siebzig Männer über dem Volk herrschen oder ein Mann über das Volk Herrscher sei. Dazu erzählt er eine Fabel:

Höret mich, ihr Männer von Sichem, daß euch Gott auch höre.

Die Bäume gingen hin, um einen König über sich zu salben,
und sprachen zum Ölbaum: Sei unser König!
Aber der Ölbaum antwortete ihnen:
Soll ich meine Fettigkeit lassen,
die Götter und Menschen an mir preisen,
und hingehen, über den Bäumen zu schweben?
Da sprachen die Bäume zum Feigenbaum:
Komm du und sei unser König!
Aber der Feigenbaum sprach zu ihnen:
Soll ich meine Süßigkeit und meine gute Frucht lassen
und hingehen, über den Bäumen zu schweben?
Da sprachen die Bäume zum Weinstock:
Komm du und sei unser König!
Aber der Weinstock sprach zu ihnen:
Soll ich meinen Wein lassen,
der Götter und Menschen fröhlich macht,
und hingehen, über den Bäumen zu schweben?
Da sprachen die Bäume zum Dornbusch:
Komm du und sei unser König!
Und der Dornbusch sprach zu den Bäumen:
Ist's wahr, daß ihr mich zum König über euch salben wollt,
so kommt und bergt euch in meinem Schatten;

wenn nicht, so gehe Feuer vom Dornbusch aus
und verzehre die Zedern Libanons.

Vor einer vergleichbaren Frage wie die Leute damals in Sichem stehen wir: Wen sollen wir wählen? Wem sollen wir uns anvertrauen? Alles ist so unübersichtlich geworden. Der Dornstrauch wird dürr, und am 18. 3. graben wir ihm das Wasser ab. Wer ist bereit, jetzt politische Verantwortung zu übernehmen? Wer muß jetzt eine Weile auf seinen Beruf verzichten, damit die Last der Verantwortung in unserem Land auch von bewährten Leuten wahrgenommen wird? Jeder hat gute Gründe zu sagen, warum er das nicht will. Wer will über den anderen schweben?

Nach allem, was wir erlebt haben, möchte man nicht in die Politik, weil wir das Gefühl haben, dies sei doch ein schmutziges Geschäft. Und außerdem haben viele Angst, schnell verschlissen zu werden, menschlich und geistig und physisch. Und nun hat auch schon der Wahlkampf begonnen, und er wird in manchem schon wie die bekannte Schlammschlacht. Die Irritation ist groß. Schon suchen viele nach einer neuen Leitfigur, nach einem, der die Probleme lösen kann. Namen werden gehandelt, Namen werden abgewiesen. Die einen nennen Helmut, die anderen Willy, die dritten Richard. Ohne Chance Hans, Klaus und Manfred. Undeutlich ist es noch, ob wir es Ibrahim, Konrad oder Wolfgang zutrauen können. Viele kommen zu dem Schluß, daß wir den Zusammenschluß brauchen, und zwar möglichst bald. Andere sind da eher skeptisch. Die Ungeduld wirkt destabilisierend, und die Destabilisierung erhöht die Ungeduld. Wer tritt jetzt ein?

So ist die Situation auch in der Fabel. Und es ist gut zu verstehen. Der Ölbaum sagt: Ich will nicht König werden. Die Menschen brauchen mich, mein Öl zum Leben und für die Schönheit. Soll ich über den anderen schweben und nicht mehr das tun, was ich eigentlich kann?

Da kommen die Bäume zum Feigenbaum und sagen: Du, Feigenbaum, sei Herrscher über uns. Und der Feigenbaum antwortet: Es muß doch Leute geben, die für das tägliche Brot sorgen und auch für das, was das Leben süß macht.

Dann gehen die Bäume zum Weinstock und sagen: Du

sollst der König sein. Aber der Weinstock sagt: Was sollen denn die Menschen ohne Wein? Dann werden sie ja nicht mehr fröhlich! Ja, der Wein macht sogar Götter fröhlich. Und soll ausgerechnet ich, der ich für die Fröhlichkeit sorge, das ernste und dumpfe Geschäft der Politik machen?

Und dann gehen die Bäume schließlich zum Dornbusch und sagen: Komm, sei du unser König! Der Dornbusch antwortet ohne Umschweife: Ja, salbt mich zum König, kommt und bergt euch in meinem Schatten; Schatten biete ich und Schutz, Frieden verspreche ich unter meinen Stacheln! – Und gleich folgt die Drohung: Wer aber nicht kommt, der soll verzehrt werden. Entweder ihr seid Freunde des Dornbusches, oder ihr seid Feinde. Und wenn ihr Feinde seid, werdet ihr vernichtet werden.

Und da sich niemand anderes zur Verfügung stellt außer dem Dornbusch, bekommen sie den Dornbusch zum König.

Jeder hatte seine gute Entschuldigung, nicht nur seine Ausrede. Aber zum Schluß wird wieder der Dornbusch Herr. Eine neue Polarisierung kommt auf: für den Dornbusch oder gegen den Dornbusch.

Ich höre diese Geschichte heute als eine große Warnung für uns und als eine große Ermutigung, das Risiko doch zu übernehmen, aus dem Berufsleben für eine Weile herauszutreten und jetzt Verantwortung zu wagen. Es könnte sonst sein, daß ein neuer Dornbusch über uns regiert. Eine neue Zweiteilung beginnt ja schon wieder, in Rechte und Linke, oder schlimmer noch: in »rote Säue« und »braune Schweine«. Parolen beginnen das Nachdenken zu verhindern. »Freiheit oder Sozialismus« heißt es da – ein importierter Slogan!

Es könnte sein, daß wir unsere wunderbare Erneuerung verkommen lassen und die neue politische Kultur schnell wieder verdirbt. Wir können sogar unversehens in die Beschimpfungs»kultur« des westlichen Wahlkampfes schliddern, geschubst oder gelockt werden. Wir erleben auch, daß viele sich dem schwierigen Geschäft der Demokratie verweigern, lieber ihrer sinnvoll erlebten täglichen Arbeit nachgehen, zuschauen, wer da alles nach oben kommt und was da alles hochgespült wird, wer da alles sich empfiehlt, über den anderen zu schweben. Ist das wirklich besser als das, was wir gerade losgeworden sind? Manchem erscheint es schon so, als wenn inzwischen schon mehrere Dornsträucher miteinander konkurrieren. Die Ölbäume und die Weinstöcke und die Feigenbäume wenden sich ab und sagen: Von denen können wir niemand wählen. Wir machen lieber unser Öl und unseren Wein.

Was aber soll werden? Werden die Harten, die Stachligen, die Wendigen uns wieder verwalten – statt der Nachdenklichen, der Sensiblen und Verletzbaren? Wer jetzt Verantwortung übernimmt, wird auch Fehler machen und die Probleme keinesfalls schnell lösen können.

»Wer nichts tut, tut nichts Falsches.« Richtig. Richtig ist auch, daß etwas getan werden muß. Und wer jetzt etwas tut, tut auch etwas Falsches. Und wer sich jetzt in die vordere Reihe stellt, wird mit Kritik, auch mit herber Kritik, fertigwerden müssen.

Soll sich die Geschichte der Revolution unter uns wiederholen, daß wir die alte Herrschaft abgeschüttelt haben, nun vor einem Vakuum stehen und die einen Lust gewinnen am Abbauen und Niederreißen und die anderen nur noch Angst haben vor dem Chaos und sich leise zurückziehen, gelähmt abwarten? Die Geschichte lehrt uns, daß diese Doppelheit – die bloße Lust am Niederreißen und die Angst vor dem Chaos – zur Stunde derer werden kann, die nach einem rufen, der wieder Ordnung macht: nach einem Stachligen, Großen, Mächtigen, nach einem neuen Caesar, Napoleon, Hitler, Mao, Khomeni.

Wir haben es in der Hand, nicht dem Dornstrauch zu überlassen, was wir uns so glücklich und friedlich erkämpft haben. Ich glaube, wir stehen vor einer Entscheidung: Entweder wir übernehmen alle ein Stück von der Verantwortung für das Ganze, oder es kommen wieder einzelne, die uns die Verantwortung abnehmen und uns in ihren stachlichen Schatten zwingen.

Jeder soll wohl seine Arbeit tun und sie gut tun. Und jeder soll in seinem Bereich das Beste leisten: guten Wein, gutes

Öl, gute Früchte bringen. Aber jeder muß wohl auch einen Teil größerer Verantwortung übernehmen, die über seinen persönlichen Bereich hinausreicht. Sonst sehe ich die Gefahr, daß die Dornsträucher wiederkommen.

Also: Ihr Ölbäume, ihr Feigenbäume, ihr Weinstöcke – ihr seid jetzt gefragt wegen eures Öls, wegen eurer Feigen, wegen eures Weins.

Laßt den Dornstrauch am Rande stehen.

## Das glücklichste Volk der Welt?

*Meditation im Gebet um Erneuerung*
*in der Schloßkirche zu Wittenberg,*
*20. Februar 1990*

Wir erinnern heute an den Propheten Jeremia, der im Streit mit seinem Volk und den Führern des Volkes liegt, weil diese versprechen, was das Volk gern hört: Alles wird gut! – Sie reden dem Volk nach dem Munde, und der Prophet leidet darunter, daß er widersprechen muß. Folgende Sätze des Propheten Jeremia hat Luther in seinen 95 Thesen aufgenommen:

»Sie gieren alle, groß und klein, nach Gewinn, unrechtem Gewinn, und Propheten und Priester gehen alle mit Lüge um und heilen den Schaden meines Volkes nur obenhin, indem sie sagen: ›Friede, Friede!‹ Und ist doch kein Friede.« (Jeremia 6,13 f.)

Ja, liebe Wittenberger, es ist Friede, es war alles friedlich, aber der Schaden liegt tiefer. Ich versuche zu erinnern, was uns geschehen ist: Als nach der überraschenden Nacht des 9. November der Regierende Bürgermeister von Berlin sagte: »Wir Deutschen sind heute das glücklichste Volk der Welt«, da standen vielen Tränen in den Augen. Wir hatten die Mauern im Land innerhalb eines Monats durchbrochen, und nun war auch die Mauer, dieses schändliche Kennzeichen unseres Landes, friedlich durchbrochen worden, und wir strömten und strömten und strömten in die neugewonnene Freiheit.

Die Welt staunte. Die DDR wurde zum internationalen Medienhit. Die erste friedliche Revolution in der deutschen Geschichte war gelungen. Aber wo wollte sie hin, diese Revolution? Wo trieb sie hin, und wer trieb sie?

Wir waren dabei, Frauen und Männer, Alte und Junge, Christen und Nichtchristen, Sozialisten und Liberale, Arbeiter und Ingenieure. Wir waren eins im Widerstand, wir sammelten uns in Kirchen, sie wurden Schutz- und Orientierungsräume, sie halfen uns, friedlich zu sein. Wir wurden ein Volk im Widerstand gegen die, die uns bedrückt hatten. In Dessau waren es die Busfahrer, in Plauen die Arbeiter und in Neubrandenburg die Bauern. Es gelang uns, das, was uns kaputtmachte, kaputtzumachen. Wir destruierten das Destruktive. Dann durften wir alle unterschiedslos sehen, was im anderen Teil der gespaltenen Welt inzwischen geschehen war.

Nun gab es für uns mehrere Schocks.

Schock Nr. 1: Das ist also der absterbende Kapitalismus. Und wir, wir wurden freundlich aufgenommen, aber zur Begrüßung standen wir wieder mal Schlange. Mit 100 Mark waren wir dabei. Womit hatten wir das verdient? Die Wertlosigkeit unseres Geldes ansehend, sahen viele, wie sie um den Lohn für ihre Arbeit betrogen waren.

Schock Nr. 2: Die abgelöste Führungsschicht, diese Ochs- und Eselrhetoriker, war fast ausnahmslos korrupt gewesen. So wie sie lebten, redeten sie uns ein, würde das ganze Volk leben können. Fast alle erwarten nun Prozesse. Höhepunkte waren die Devisen-Waffen-Geschäfte des Herrn Schalck und die Liebeserklärung des Herrn Mielke.

Schock Nr. 3: Die DDR ist noch viel stärker abgewirtschaftet, als wir es wissen konnten. Die ökologischen Verbrechen in Industrie und Landwirtschaft lassen sich strafrechtlich gar nicht erfassen. Das Kernkraftwerk Nord hätte uns zum mitteleuropäischen Tschernobyl werden können. Nun wird es abgestellt, und in Wohnungen in Greifswald wird es kalt werden. Marktwirtschaftliche Prinzipien einzuführen bedeutet bei uns massenhafte Betriebsstillegungen. Soziale Angst ist nicht herbeigeredet, sie ist begründet, wenn die marktwirtschaftlichen Prinzipien nicht sozial abgefedert werden, von Anfang an.

Die Revolution war friedlich. Friede, Friede! sagten wir alle und konnten froh sein, daß kein Mensch starb, aber die Selbsttötungen von Johanna Töpfer, Otto König und vielen anderen lassen das Maß an Schuldverzweiflung ahnen.

Was aber ist nun mit uns? Die vierzig Jahre haben Spuren

in uns hinterlassen. Wir haben an den Deformationen teil. In uns ist es nicht friedlich, ganz und gar nicht. Viele, viele Briefe sprechen von Angst und Unsicherheit. Wir sind ganz aufgerissen, hin- und hergerissen, aufgewühlt, in Sorge, aggressiv oder depressiv. In uns werden Ruinen sichtbar, so wie manche jetzt erst die Ruinen in unserem Lande wahrnehmen.

Wertsysteme und Ideale sind zertrümmert, und was tritt an ihre Stelle? Woher kommen die Ressourcen und Kapazitäten, das wieder aufzubauen? Für Geld und Baukapazität ließe sich wohl schnell sorgen, aber für das, was in uns geschieht? Wieviel Kraft und Zeit können und wollen wir dafür aufwenden?

Die Aggressivität wächst. Die sich einmal eins waren im Widerstand, finden sich jetzt unversehens in getrennten Lagern und suchen dem politischen Gegner wahlkampfbetont eins auszuwischen.

Den alten Schlagworten sind wir entronnen, und nun beharken wir uns gegenseitig mit neuen. Die Frage: Bist du für oder gegen Wiedervereinigung? läßt ein ausgewogenes Gespräch kaum noch aufkommen. Dafür oder dagegen, als ob dies so einfach wäre.

Die Angst wächst. Angst und Unsicherheit vor der Zukunft. Angst, sich jetzt zu exponieren. Wer weiß, was wird? Halt dich zurück, spricht die Angst. Es kommt neue Angst auf, seine Meinung zu sagen: Erst mal horchen, was die meisten so sagen und denken. Die alten Wortknüppel sind noch in uns: Du Roter, du Schwarzer, du Brauner! So schnell geht das. Wir sind noch stigmatisiert von der Zeit, der wir entronnen sind. Auch dies ist wahr: Die Angst vor den Roten ist bisweilen schon zur Angst der Roten geworden. Wer hat den Mut einzuschreiten, wenn es in Leipzig, am Rande noch, schon hieß: »Modrow und Gysi an die Wand, Deutschland einig Vaterland!« Oder ist es schon verdächtig, für Rote einzutreten? Ich frage auch, wer wagt es sich zu verbitten, wenn Herr Gysi mit gelbem Schriftzug auf dem Titelbild des »Spiegel« als »Der Drahtzieher« vorgestellt wird.

Die vierzig Jahre haben auch uns deformiert. Die Sklavenhalter haben auf die Sklaven abgefärbt, und jetzt geht es um die Befreiung beider, nicht um die Fortsetzung des alten Prinzips mit umgekehrten Vorzeichen. Ich bitte Sie, hören Sie mich in Ruhe an. Ich frage mich und frage uns alle mit Blick auf den Propheten, ob wir den Schaden bisher nur obenhin geheilt haben und den Frieden noch erringen müssen.

Wie tief ist der Schaden in uns, wenn wir eine Zweiteilung der Welt, eine Feindideologie wieder aufkommen lassen, die Gegner wirksam fertigzumachen sucht, alle SED-Leute über einen Kamm schert? Oder wenn nun jeder in der Vergangenheit eines jeden rumfummeln kann, um die politischen Schmutzflecken zu finden? Gut haben es da offenbar nur die, die früher nichts gesagt oder getan haben, die nur still in Reih und Glied mitgelaufen sind, denn ihnen kann man jetzt keine früheren Äußerungen vorhalten. Mancher von ihnen war sehr still im Widerstand und möchte dies jetzt sehr laut verdecken. Der Schaden ist tief. Viele wandeln sich sehr schnell, andere brauchen sich nicht zu wandeln, nur zu wenden. Wie leicht ist es aber, jemandem Etikette anzuhängen, wie leicht ist es, jemandem Unrecht zu tun.

Liebe Mitchristen! Denkt euch, der Wendehals Luther stellte in den Mittelpunkt seiner Theologie den Wendehals Paulus. Heilen wir den Schaden unseres Volkes nicht obenhin. Vierzig Jahre können wir nicht schnell durchstreichen, und wir können es uns nicht ersparen zu überlegen, was mit uns war, wer wir jetzt sind und was wir miteinander uns vornehmen wollen auf dem Weg in die neue Gesellschaft. Ich meine, daß unser Heilwerden nicht nur im schnellen nationalen Einswerden getan sein kann.

Es ist viel Schaden tief in uns. Wir sind die öffentliche Zensur losgeworden, aber es gelingt uns noch nicht, einen inneren Kompaß zu haben für das, was zuträglich ist und was nicht zuträglich ist im Umgang miteinander. Plötzlich brechen Dämme und werden Verletzungen zugefügt. Plötzlich werden Menschen vorverurteilt. Wie schön ist es da, wenn ausgerechnet zwei Verfolgte für Rechtsstaatlichkeit gegenüber den deformierten obersten Herren von gestern eintreten. Die äußere Zensur sind wir los. Nach der Zensur durch die Partei erleben wir jetzt manchmal eine Zensur durch die Massenstimmung. Ich höre die Mahnung: »Das darfst du jetzt nicht sagen! Das wollen die Leute jetzt nicht hören!« Wieso soll ich nicht sagen dürfen, was ich denke? Nur weil die Stimmung gegenwärtig dagegensteht?

Unser Land ist in einer tiefen Krise, äußerlich und innerlich. Und manchmal scheint es nun so, als ob es nur noch ums Geld geht. Die einen haben Angst um das lebenslang mühsam Ersparte, die anderen spekulieren mit dem vielen Angesammelten und hören auf jedes Gerücht. Verrückte Welt – es geht nur noch ums Geld. Ob es uns gelingt, darüber hinwegzusehen und zu erkennen, welche tiefen Schäden zu heilen sind? Wir brauchen dabei einander, mehr noch als das Geld.

So laßt uns den Schaden nicht nur obenhin heilen und laßt uns mutig sehen, welche Beschädigungen wir noch mit uns tragen und welchen neuen Beschädigungen wir uns ausliefern, wenn wir uns einfach ausliefern. Wir können stolz sein auf unsere äußerlich so friedliche Revolution, wenn wir uns nun mit aller Kraft auf die innere friedliche Revolution konzentrieren. Dazu brauchen wir miteinander Zeit. Wir sind wohl überfordert durch die Schnelligkeit der Ereignisse, und manche von uns wünschen sich jetzt alles noch schneller. Wird es wuchern, oder wird es wachsen? Was wachsen will, braucht Zeit. Was reifen soll, braucht Geduld. Laßt uns miteinander den Schaden unseres Volkes heilen, und das nicht nur obenhin. Wir werden alle was davon haben, wenn nicht der Same neuer Zwietracht gesät wird, ehe die Folgen der alten Zwietracht beseitigt sind.

Ich schließe mit dem Gedicht »Sensible Wege« von Reiner Kunze, der von unseren innersten Beschädigungen sprach, bis er uns verließ:

Sensibel
ist die erde über den quellen: kein baum darf
gefällt, keine wurzel
gerodet werden

Die quellen könnten
versiegen

Wie viele bäume werden
gefällt, wie viele wurzeln
gerodet

in uns

# Lieber bin ich traurig als leer . . .

*Gespräch mit Tatjana Trögel*

T. TRÖGEL: Zwischen uns liegt das Foto von der Basisfigur einer Cremer-Plastik zum 50. Jahrestag der Oktoberrevolution. Diese Plastik wurde nicht vollendet. Die untere Figur zeigt die Mühen am Beginn des Sich-Erhebens . . . Was ist aus dieser Anstrengung geworden?

F. SCHORLEMMER: Ich meine, daß die Oktoberrevolution in sich selbst eine Überanstrengung war. Ich würde sogar noch weitergehen und sagen – eine Anmaßung. Die Menschheitsgeschichte hat nicht da begonnen, sondern sie hat dort einen neuen Anlauf versucht, wie immer wieder Anläufe versucht worden sind.

Immer, wenn ein solcher Anlauf sich als *der* erste große Schritt versteht, ist Gefahr im Verzug für die Menschheit. Das kann sich religiös, das kann sich politisch, das kann sich national darstellen. Immer wieder gibt es Erhebungen, die von sich schon im Beginn sagen, daß sie historisch seien. Man sollte das erst rückblickend beurteilen. Und die russische Oktoberrevolution hat sich in dem Maße überhoben, wie sie nicht anerkannte, daß es, zumal in der russischen Geistesgeschichte, auch schon andere Versuche von Menschen gab, sich zu erheben. Und dann ist von diesem Anfang geblieben, daß der bolschewistische Versuch, mit Hilfe einer Kaderpartei das Volk zu erlösen, ein irriger Versuch war, der scheitern mußte. Und daran hängt auch Lenins, wenn ich so sagen darf, liebenswürdiger Irrtum.

T. TRÖGEL: Auch an diesem Schnittpunkt der Geschichte kommen wir auf das Verhältnis von Revolution und Reformation, Müntzer und Luther – auf unser Jahrhundert übertragen. Was meint der Pfarrer aus Wittenberg?

F. SCHORLEMMER: Es ist zunächst ja sehr interessant, daß

die Revolution in der DDR und in ganz Osteuropa ihren Kulminationspunkt im Müntzer-Jahr erreichte. Ich hörte übrigens im DDR-Rundfunk den Satz: Es müntzert kräftig in der DDR.

Vorbereitet hatten wir uns auf Tagungen. Es kam aber die Wirklichkeit! Die Wirklichkeit hatte die Tagungen überrollt – und das ist schon etwas ganz Wunderbares. Außerdem – 200 Jahre Französische Revolution. In Frankreich machte man sterile Feiern für viel Geld . . . und in der Wirklichkeit passierte die Revolution.

Also – wir haben einen Sprung in der Geschichte erlebt und können es einfach nicht ganz fassen. Das ist das eine. Das zweite ist: Ich bin ganz eindeutig auf seiten Luthers. Weil ich fürchte, daß die Revolution bei dem Versuch, ganz neu anzufangen, schon aufhört, sich selbst gegenüber kritisch zu sein. Und dasselbe Spiel beginnt wieder von vorn.

Wenn ich jetzt sehe, was sich in unseren neuen Oppositionsbewegungen nach oben spült, dann sage ich als Christ – das wundert mich überhaupt nicht. Das sind nicht alles bessere Menschen. Aber sie tun so, als ob sie besser seien, nur weil die anderen schlecht gewesen sind. Die Revolution ist in Gefahr, ein bloßer Umkehrprozeß zu sein. Die alte Herrschaftsschicht wird abgelöst, und die neue kommt und setzt sich auf den Thron.

Ich habe einen guten Freund, übrigens einen zur Orthodoxie konvertierten Puppenspieler aus Dresden, der in einem Faust-Stück in schönstem Sächsisch verkünden läßt: Und da machen wir eine Revolution – und setzen uns selber auf den Thron. Und gucken Sie sich mal an, ohne bösartig zu sein, was sich da jetzt alles auf den Thron setzen will.

T. TRÖGEL: Was also leistet die Reformation?

F. SCHORLEMMER: Ich hatte mir schon vor Jahren darüber Gedanken gemacht, was eine Reformation von einer Revolution unterscheidet. Dazu gehört, daß die Reformation den Leuten aus dem alten Apparat zutraut, daß sie sich auch ändern können.

Der Wandlungsprozeß soll also nicht allein durch die Neuen, die jetzt das Sagen haben, sondern gemeinsam mit den Alten vollzogen werden. Bei Gefahr einer Restauration, das ist klar. Und die Reformation knüpft an die Wurzeln einer Idee, wie die des Christentums oder des Sozialismus, an ihre Ideale an und macht sich den Widerspruch zwischen Ideal und Wirklichkeit produktiv bewußt.

Was in der DDR passierte, Honecker in seiner Schlußphase, ist schlicht – man kann es auch pathologisch beschreiben – Trübung. Altersbedingte Erkenntnistrübung. Politisch aber wird es dann zum Verbrechen, wenn die Getrübten dem Volk vorschreiben, es müsse auch getrübt auf die Wirklichkeit sehen.

T. TRÖGEL: Scheitert die Revolution vielleicht von vornherein, weil sie nicht in der Lage ist, das menschliche Maß zu berücksichtigen, da sie von Extremen lebt?

F. SCHORLEMMER: Sie kommt auf das Menschliche wieder zurück. Und ich bin auch jetzt kein Revolutionär, sondern verstehe mich immer noch als Reformer. So denke ich, daß es einfach kurzsichtig wäre, etwa von dem Begriff Sozialismus Abschied zu nehmen. Ich kann das psychologisch verstehen – seit Ceauşescu ihn hat gründlichst zerschießen lassen, kann man ihn eine Weile einfach nicht gebrauchen. Und doch werde ich mir etwa von der Volksstimmung nicht verbieten lassen, welche Worte oder welche Inhalte ich vertrete.

Auf Ihre Frage bezogen: Es ist völlig verständlich, daß ein Prozeß, wie wir ihn erleben, zum Umkippen kommt. Man weiß, wie es keineswegs mehr sein soll, ohne bereits zu wissen, wie es denn nun sein soll. Zugespitzt haben wir jetzt in der DDR die Destruktion des Destruktiven. Aber diese Negation der Negation, ganz gegen Engels, ist noch keine Position. Und die entstandene Scheinposition, meinen manche, liegt jetzt im Begriff Deutschland. Wobei gar nicht genau reflektiert wird, was das heißt – Deutschland. Ich denke, es bedeutet im wesentlichen: von außen sichtbarer ökonomischer Erfolg der BRD. Daß dieser aber auch in vierzig Jahren Schufterei erarbeitet worden ist oder daß er Nebenwirkungen hat, die wir nicht auf die ganze Welt übertragen können, wird gerne vergessen. Also müßte sich zum Beispiel jeder klarmachen: So wie dort der Mittelstand lebt, wird in einer Welt, wenn es sie noch fünfzig Jahre geben soll, nicht jeder Mensch leben dürfen. Ob es so gut ist, ist eine ganz andere Frage. Wenn wir aber *das* alle wollen – dann wollen wir wieder die Herrenmenschen sein. Das sagen wir nicht, aber wir machen es. Nämlich die, die schamlos, also ohne Scham, auf Kosten der anderen leben. Denn jene kann man sich ja fernhalten, die sieht man ja nicht jeden Tag.

Da ist noch keine Perspektive. Die ist im Stichwort von Gorbatschow vom 7. Dezember 1988 aufgehoben: Strukturen einer globalen Solidarität aufzubauen in einer Welt, in der wir alle voneinander abhängig sind und immer abhängiger voneinander werden. Und diese Welt ist so zu gestalten, daß darin keine asymmetrische Abhängigkeit des einen vom anderen ist, sondern daß wir zu einer gegenseitigen Abhängigkeit kommen, in der wir sagen: Wenn du lebst, dann kann auch ich leben.

T. TRÖGEL: War es also Gorbatschow, der irgendwie versucht hat, diese Asymmetrie aufzuheben, dieses Jahrhundert in Harmonie zu bringen?

F. SCHORLEMMER: Nein, nicht irgendwie. Das ist schon sehr durchdacht. Bloß, auch Gorbatschow hat ein paar blinde Flecken. Aber darüber müßte man mal persönlich mit ihm reden. Ich glaube, er hat immer noch die Idee, man könne die Welt technizistisch verändern – wenn die Ökonomie nur klappt, die Technik gut angewendet und das alles sozial abgefedert wird. Darin sehe ich noch ein paar Illusionen. Natürlich kann man verstehen, daß ein Volk nach siebzig Jahren Entbehrung am Wohlstand teilhaben will, aber darin ist auch diese Illusion.

T. TRÖGEL: Wie durchschreiten wir also unser Jahrhundert bis zum Ende? Wohin geht der Mensch des 20. Jahrhunderts nach Mattheuer?

F. SCHORLEMMER: Es gibt keine andere Plastik, die mich so überzeugt hat wie Wolfgang Mattheuers »Der Jahrhundertschritt«. Als ich in die Halle trat, bin ich fast umgefallen, ich war völlig sprachlos. Es erschloß sich sofort, und beim zweiten Sehen, beim dritten, beim fünften . . . Ich versuchte es schon zu beschreiben: Ich denke, es geht nur darum, der

Figur das steife Bein zu lockern, daß sie diesen Jahrhundertschritt gehen kann. Es ist das einzig menschliche – und das ist auch noch steif!

T. TRÖGEL: Es ist aber gerade dieses Bein, das nackt und verletzlich aussieht . . .

F. SCHORLEMMER: Ja, und es ist der Faust gegenüber. Aber da ist gar nicht Hand. Die ist nicht das eigentlich bewegende. Beide Hände sind depraviert, obwohl der Mensch an sich ein Handmensch ist. Als Christen sehen wir die offenen Hände als das, was die Menschen menschlich macht zueinander – das Geöffnetsein, das Einladendsein, das Hingereichtsein dem anderen . . . Also diese Hand, die arbeiten kann, die streicheln kann und die versöhnen kann.

Sie kann aber auch zu dieser angst machenden langgestreckten Hand des Hitlergrußes werden oder eben zu der Arbeiterfaust, der nicht mehr anzusehen ist, daß da eine Hand ist, die streicheln kann.

T. TRÖGEL: Das heißt wohl, daß die Menschwerdung noch ein ganzes Stück Wegs hat . . .

F. SCHORLEMMER: Ja, wieder mehr geöffnete Hand und nicht mehr geballte Faust. Ich denke, es kommt wirklich auf die Handgeste der Menschen an.

Wenn ich sehe, wie der Mann, nach dem Sie fragen, wie Gorbatschow mit seinen Händen umgeht, das ist schon was Schönes. Wie er mit der Hand argumentiert, wenn sie sich an die große Pressekonferenz in Reykjavík erinnern – die Lebendigkeit der Hände . . . Eine Hand kann drohend sein, autoritär mit dem Finger zeigen, kann aufschlagen und, wie Chrustschow zeigte, noch den Schuh zur Hilfe nehmen. Bei Gorbatschow ist es diese flinke Hand des Arguments, die hin und her agiert. Und das ist für mich mehr als die Eigenart einer Persönlichkeit.

T. TRÖGEL: Seit Gorbatschow sind auch bei uns viele aus dem Dunkel getreten, fanden ihre Ideale rehabilitiert, auch den Mut, gegen die Ignoranz der DDR-Führung aufzutreten. Was ist aus ihnen geworden, und wie geht man heute mit ihnen um, den Wegbereitern unserer Revolution?

F. SCHORLEMMER: Es hat sich, denke ich, insgesamt nur

eine Minderheit, eine nicht unbedeutende, einflußreiche Minderheit, wirklich intensiv mit den Ideen des Sozialismus auseinandergesetzt. Und die hat natürlich sehr profitiert. Nicht nur von Gorbatschow, sondern überhaupt von dem Vorlauf, den das Denken vieler Schriftsteller und Publizisten in der Sowjetunion nahm.

Nachdem unser System wie ein Kartenhaus zusammengefallen war, passierte folgendes: Alle, die vorher nicht gesprochen hatten, sprechen jetzt laut. Aber sie haben eben das Sprechen nicht gelernt, was ja bedeuten würde, daß man sich differenziert ausdrückt. Daher kommt jetzt diese hintergründige Wut aus der schweigenden Masse, dem großen Teil der Mitläufer.

Aber da ist noch etwas passiert. Fast all jene, die als sogenannte Kommunisten das System mit getragen hatten, sind jetzt, da sie sagen können, was sie denken, plötzlich in einer Weise politisch rechts, daß es schon erschreckend ist. Die gestern noch eine stalinistische Kaderpolitik gemacht haben – ich kenne solche Leute in Wittenberg –, richten sich schon heute darauf ein, die Personalchefs zu werden. Das sind keine Wendehälse. Sie waren Schweinehunde, und sie sind es geblieben. Sie treten aus der Partei aus, um Personalchef in einem künftigen kapitalistischen Großbetrieb zu werden.

Dann gibt es Genossen, da muß man nur mal auf dem letzten Parteitag nachlesen, die jetzt das Hohelied der Marktwirtschaft singen. Sie fügen noch das kleine Wort »soziale« hinzu – das hört sich gut an. Sie sprechen aber nicht davon, was es bedeutet, wenn jetzt plötzlich die Rechtsordnung der Bundesrepublik auf die DDR übertragen wird. Was es für den einzelnen Menschen bedeutet.

Wir sind die Herrschaft der großen Ideologie los und wollen doch wohl nicht jetzt in die Herrschaft des großen Geldes fallen, wir kleinen Armen! Dann sind wir wieder nichts! Dann sind wir die Kulis der Konzerne und der Leute, die wissen, wie man's macht. Es ist ja eigentlich was Schönes, daß wir da so naiv sind. Aber sie nutzen es aus, wenn wir nicht aufpassen.

Der Montag nach dem Besuch der Regierungsdelegation

in Bonn war ein wichtiger Tag für die DDR, weil wieder eine Solidarität aufgekommen war. Diese Solidarität des Runden Tisches ist für mich etwas Beglückendes. Wir sind keine Wegwerf-DDR! Wir sind keine Schleuderware und keine schmuddlige Dirne, die sich den Herren da an die Brust wirft!

Auf der anderen Seite ist es auch so schrecklich zu sehen, was für eine Hinterlassenschaft wir haben. Aber die »Gorbi« gerufen haben, sind ja alle noch da. Sie kommen jetzt nur nicht mehr an die Öffentlichkeit. Die müssen sich jetzt einfach wieder ein bißchen mehr trauen.

Ich trau mich. Mir wurde ja schon parteischädigendes Verhalten vorgeworfen. Selbständiges Denken – parteischädigend. Und ich weiß auch, woher der Vorwurf stammt; weil ich beim Wort Sozialismus keine Ekelgefühle habe.

Also, die bisher schwiegen, haben keine differenzierte Sprache finden können und sagen jetzt, laßt uns mit allem zufrieden, was mit Sozialismus zu tun hat. Das verstehe ich völlig. Doch sollten wir nicht denken, Politik dürfe nur noch Reflex dieser Stimmen sein.

Und dann waren noch jene in der SED, die mitmachten, keine wirklichen Sozialisten, sondern die, die gesehen haben, wo sie an der Macht teilhaben können und ein bißchen was davon haben. Die merken jetzt, daß ihnen diese Partei das nicht mehr bieten kann und streifen schnell ab, was sie ja nie wirklich in sich hatten. Das wußte ich auch schon vorher.

Aber dann gibt es noch eine Menge ehrlicher, geradliniger Kommunisten. Davon sind noch einige in der jetzigen PDS. Und ihnen werde ich meine menschliche Solidarität und meine Dialogbereitschaft nicht entziehen, wenn sie die wollen.

Das Ausmaß der Schädigung, des inneren Ruins, den die schizophrene Existenz in vierzig Jahren in uns hinterlassen hat, wird jetzt offensichtlich, wie auch der ökonomische Ruin und – als Schlimmstes – der ökologische. Es zeigt sich, daß das Differenzierungsvermögen nicht so entwickelt ist, wie es mit dem Besteck des Marxismus wirklich möglich wäre. Wieder nur entweder – oder, kein dialektisches Herangehen. Und dieser geistige Ruin der vielen hat dazu geführt, daß diejenigen, die jetzt noch »Gorbi« sagen wollen, stille werden. Ich möchte sie ermutigen, Brechts »Der Radwechsel« zu lesen. »Ich bin nicht gern, wo ich herkomme. Ich bin nicht gern, wo ich hinfahre. Warum sehe ich den Radwechsel mit Ungeduld?«

T. TRÖGEL: Sie sprachen vom beglückenden Gefühl im Zusammenhang mit dem Runden Tisch. Nach dem 18. März geht aber der bundesdeutsche Wahlkampf weiter. Halten wir das aus, wenn es keine Runden Tische mehr geben sollte?

F. SCHORLEMMER: Ich möchte mich dafür einsetzen, daß die mehr informellen und kreativen, die neuen Formen der Demokratie den 18. März und 6. Mai überleben. Hier sehe ich eine Möglichkeit, politisches Denken und Handeln des ganzen Volkes so zu ermöglichen, daß es nicht zu Institutionen erstarrt. Denn beim Runden Tisch kann man flexibel verfahren. Jede Gruppe entscheidet, wen sie schickt, das kann wechseln. Eine Gruppe löst sich auf, eine andere kommt neu hinzu. Die Runden Tische könnten die Inspirationsquelle, nicht nur die Kontrollinstanz für die Parteidemokratie oder die parlamentarische Demokratie werden, in die hinein somit etwas gespeist wird, was unmittelbar aus dem Volke kommt. Das zu erhalten können wir noch schaffen, wenn wir nur wollen. Für mich ist das eine Frage des Selbstbewußtseins und nicht der ökonomischen Zahlen. Die wirken natürlich auf das Selbstbewußtsein zurück, aber wir sind mehr als diese Zahlen.

T. TRÖGEL: Egoismus und Intoleranz machen sich breit. Deutsches Selbstbewußtsein kann auch angst machen. Was wird aus Osteuropa? Wir hätten doch die Chance, Bindeglied zwischen West und Ost zu sein aus der Solidarität heraus, die unserem bisher gemeinsamen Weg oder auch dem gemeinsamen Mißbrauch einer Idee entspringen müßte.

F. SCHORLEMMER: Da sind wir uns ganz einig. Davon handelt auch eine der Thesen unseres Kirchentages. Wir haben allerdings diese Chance, Bindeglied nach Osteuropa zu sein, schon vierzig Jahre verpaßt. Es fing etwas sehr Schönes an, als wir in unsere Nachbarländer reisen durften. Wirklich toll. Dann aber war bald Schluß. In Ungarn fehlte uns die Währung, in Bulgarien gab es schon lange ein Hin und Her, in Rumänien herrschte diese furchtbare Diktatur, und in die SU wurden wir erst nicht reingelassen, später sollten wir keine Leute aus der Sowjetunion treffen. Da ist vieles verhindert worden durch dieses Mißtrauenssystem. Dieses System war mißtrauisch allem gegenüber, was es nicht selbst hervorbrachte und was es nicht überschauen konnte. Nur, die Aufgabe bleibt, eine gewisse innere Bereitschaft in unserem Volke auszurichten. Und ich bin zuerst in die deutsch-polnische Gesellschaft eingetreten und werde dort aktiv mitmachen.

T. TRÖGEL: Welchen Weg werden wir gehen? Müssen wir erst Europäer werden, um Deutsche zu sein, oder müssen wir Deutsche sein, um Europäer zu werden?

F. SCHORLEMMER: Ich kann das nicht nacheinander sehen: beim »Deutsche«-Werden – Europäer sein. Deutsche auch als Mecklenburger, als Thüringer, Deutsche als Bayern. Deutsch sein, heißt ja, auf eine sehr vielfältige Weise deutsch sein zu können. Es ist ein so reiches Land in seiner Vielfalt. Wenn man das wieder entfaltet – wunderbar. Aber mit einer Durchlässigkeit zu anderen – denen, die deutsch sprechen, und denen, die nicht deutsch sprechen. Wir müssen jedenfalls solche Deutsche werden, daß die anderen nicht Angst davor haben, daß mit ihnen mal wieder deutsch geredet wird! Mir ist jetzt wichtig, daß wir uns nicht wieder von den kurzfristigen Problemen und Gefühlen überrennen lassen, sondern gleichzeitig fragen: Was wird aus uns in dieser Welt morgen, wenn wir uns so oder so entscheiden. Und ich, als Theologe, möchte gern, daß wir die Überlebensfragen, vor denen die Menschheit steht, zu unseren Lebensfragen werden lassen. Nur dann sind wir wirklich verantwortliche Wesen. Der Mensch ist ein ansprechbares, angerufenes Wesen und insofern auch ein Wesen, das Antwort geben soll. Die erste Frage an den Menschen ist: Adam, wo bist du, Mensch, wo bist du? Und die zweite: Wo ist dein Bruder, Abel? Die beiden Grundfragen der Bibel, die ersten Fragen, die Menschen gestellt werden. Und meine Aufgabe als Theologe, als

Christ, als Staatsbürger ist, diese großen Fragen mit den kleinen Fragen, den Fragen nach Gegenwart und Zukunft, zu verknüpfen. Das sind die drei großen Herausforderungen, in denen sich alles zusammenfassen läßt: Wie werden wir erstens mit dem Hunger fertig auf dieser Welt, wie leben wir so, daß wir nicht auf Kosten anderer leben? Wie werden wir zweitens unsere eigenen lebensbedrohenden Produkte los, das ist die Frage des Zauberlehrlings. Und wie schützen wir drittens unsere Umwelt?

Gerechtigkeit, Frieden, Naturbewahrung müssen die übergeordneten Fragen bleiben, die aber nur dann von Menschen angenommen werden, wenn sie in die eigenen Lebensfragen übersetzt sind, vor denen jeder einzelne heute steht.

T. TRÖGEL: Bedeutet das für Friedrich Schorlemmer nicht doch, in die politische Verantwortung zu gehen?

F. SCHORLEMMER: Ich muß da nach vielen Seiten abwägen, aber ich denke, daß gegenwärtig auch Pfarrer nötig sind. In der Politik mögen sich jetzt auch andere versuchen und verschleißen. Ich bin für dieses hartbandagierte Geschäft nicht geeignet. Und wenn ich mir meine Empfindsamkeit abtrainiere, bin ich nicht mehr ich.

T. TRÖGEL: Sie wurden fast angefleht . . .

F. SCHORLEMMER: Erstens bin ich zu verletzlich, zweitens müßte ich die Identität wechseln, und drittens bin ich kein in sich ruhender Mensch, der das auch aushalten könnte.

Ich will mir meine Sensibilität erhalten, alles andere würde mich entleeren. Immer, wenn ich mal knallhart bin, bin ich nicht mehr ich. Dann bin ich leer. Und nichts ist schlimmer für mich.

Lieber bin ich traurig als leer.

Lieber bin ich verzweifelt als leer.

# Bis auch die Mauern in uns zerbröseln . . .

*Gedanken zu Mauerbildern des Fotografen Bernd-Horst Sefzik*

Mit der Mauer haben wir gelebt, in der Mauer haben wir gelebt, eingesperrt und abgesperrt, gedrückt und gebückt, abgegrenzt und ausgegrenzt. Die Mauer war um uns. Die Mauer war in uns. Sie gehörte zu uns. »Mauerstaat« nannte man unseren Staat. Uns aber verordnete man, das Monstrum »antifaschistischer Schutzwall« zu nennen. Wie alles, so war auch sie für die »Sicherung des Friedens« da.

»Bist du gegen die Mauer, bist du gegen den Frieden.« Das übrige regelte das Strafgesetzbuch . . .

Zubetoniertes Bewußtsein, bis in die Betonstädte, enge Treppenhäuser, flurlose Wohnungen, abgezirkelte Sitzecken in den wuchernden Krebsgebilden am Rande verfallender Altstädte.

Ein Land wurde immer weniger ein Zuhause. Nicht der Überdruck ging ab, sondern Menschen, die unersetzbare Lücken hinterließen. Eine Altherrenriege passionierter Kleinwildjäger verordnete »unseren Menschen«, wie sie die Wirklichkeit zu sehen, zu tönen hätten. Die Mauer war keine Mauer, weil sie keine Mauer sein durfte. Aber jeder sah, daß sie eine ganz gewöhnliche Betonmauer war, nein: eine ungewöhnliche Mauer, ein Beton-Stacheldraht-Monstrum mit Schießbefehl und Selbstschußanlage, Hundelaufleinen und versteckten Tretminen.

Der 13. August 1961 war für uns ebenso ein Schock, wie es der 9. November 1989 wurde. Plötzlich war alles zu – plötzlich war alles offen. Die offenen Gefängnistore ließen die Gefangenen ihre Gefangenschaft in aller Schärfe wahrnehmen. Freiheitstrunken aus dem reichen Glitzerstaat, einst Feindesland, zurückkehrend, kam das Gefühl des Betrogenseins auf. Es ergoß sich als Haß auf die, die uns 28 Jahre geraubt hatten, ins Land und suchte seine Opfer, weil wir selbst uns schnell unserer Mittäterschaft entledigen wollten. Dabei unterscheiden sich Tun und Tunlassen nur im Grad der Schuld. 28 Jahre lebten wir vor dem leblosen Grau auf unserer Seite. Davor lag vergiftetes Erdreich. Nichts sollte grünen und wachsen im geeggten Todesstreifen. Die säuberlichen Spuren zeigten an die Fußspur des unentdeckten Läufers, dieses undankbaren Flüchtlings aus dem Land der perfekten Obhut.

Zugleich verriet die Fußspur die strafwürdige Unaufmerksamkeit der nächtlichen Doppelstreife. Einer wurde Bewacher des anderen, bis er unversehens auch zum Mörder des anderen werden konnte.

Auf der anderen Seite der Mauer, auf der Seite, vor der wir uns »schützen« mußten, fand sich das Phantasievoll-Bunte, Chaotisch-Freche, Nachdenkliche und Frivole, auch Dummes und Witziges. Fand sich aufgesprühte Volkskunst, ein in 28 Jahren gewachsenes Kunstwerk der Phantasie des Volkes, des Zorns auch und der Hoffnung. Jedenfalls: Leben an der Todesmauer.

Und auf unserer Seite das leblose, lebentötende Grau. Die Betonköpfe verordneten dem Land den Beton, grau und gründlich. Ihre Denkweise spaltete die Welt in Gute und Böse und schrieb dem Land nach dem Lehrbuch historischer Gesetze eine historische Mission vor. Sie verboten uns zu sagen, was wir sahen. Und wir ließen es uns verbieten, dankbar über das Buch mit kleiner Auflage, diese gedruckten Spione der Wahrheit, froh auch über das Bild »Die Ausgezeichnete«. Sklavenbilder und Sklavensprache treffen aufeinander.

Nun wird »unseren Menschen« auch »unsere Mauer« erkennbar in ihrer Doppelseitigkeit von bunt und grau. Die Segmente (zynisches Endspiel der Herren, die uns ans Ende gebracht haben!) werden nun verkauft vom Eigentümer des Monstrums. Der Erlös dient ärgsten sozialen Notständen im Land der »sozialen Sicherheit«. (Man will doch wieder glauben können, daß dies Geld wirklich den Menschen zugute kommt, die es brauchen, den »Schalck« noch in den Knochen und den »Tisch« der verratenen Solidarität nicht vergessend . . .) Rat- und sprachlos stehen wir kleinen und großen Aktenträger der Politbürokratie auf dem Fundament der zerbrochenen, durchbrochenen Mauer.

Unüberwindliches wird plötzlich überwunden, das perfekt Organisierte wird zum chaotisch Zerbröselnden, zum unordentlich sich Auflösenden. Die Grundhäßlichkeit dieses harten Abgrenzungsversuches wird noch in seinem Verfall erlebbar. Gescheitert ist die Abgrenzung an sich selbst. Der Grund lag nicht draußen, sondern drinnen. Was Tiere durften, durfte der Mensch nur, wenn er ein untertäniger Bittsteller war: die Mauer überwinden, schwitzend vor Angst.

Nun ist mehr zerbrochen als die Mauer. Zerbrochen ist auch der Versuch, eine gerechtere Gesellschaft auf gerechte Grundlagen zu stellen. Wo Freiheit erdrückt wird, erlischt der Atem des Lebens. Und nun brechen die Dämme aufgestauten Hasses gegen die schäbigen Architekten dieser eingemauerten Alternative. Real existiert hat nie der Sozialismus – real existiert haben Selbstschußanlagen, Spinnennetze der Stasi und »gutgemeinte« Absichten.

Die Hybris aller Machthaber, die ihre Werke hundert Jahre über ihr Leben hinaus zu erhalten trachten, beherrschte auch einen Mann, der »für die Befreiung der Menschheit« einmal in der Todeszelle gesessen hatte.

Er wollte eigentlich überwinden, was er dann selbst aufgebaut hatte. Eine »tragende Wand des Europäischen Hauses« sollte die Betonwand – als deutsche Version des Eisernen Vorhangs – bleiben.

Die Mauer trennt ein Volk. Die Betonhäuser trennen den Nachbarn vom Nachbarn. Die Bodenbearbeitung trennt die schöpferische Kreatur von der lebendigen Natur. Der ausgebeutete Mensch beutet aus, wovon er lebt.

Ich blinzle über den kahlen Horizont und träume von einem Feldrain für Schmetterlinge und Rebhühner, Kamille und Sauerampfer, einer Schlehenallee für Hase und Igel, für Dachs und Fuchs, für Elster und Fink. Verliebt schlendert ein junges Paar lachend durch den Tag. Die Frau stützt ihren alternden Mann beim nachmittäglichen Spaziergang . . .

Alles für immer verloren? Oder bleibt noch eine Chance in der Wirklichkeit, nicht bloß im Traum, der Schöpfung wieder ihren Rhythmus abzuhören, statt sie zu verzwecken, zu begradigen, auszubeuten?

Sind wir dazu verdammt, uns in der Megalomanie zu verlieren, weil wir nur interessiert sind am Gewinn?

> Was nützte es dem Menschen,
> wenn er die ganze Welt gewönne
> und nähme doch Schaden an
> seiner Seele?
>
> *Jesus von Nazareth*

# Nach(t)gedanken am Gründonnerstag 1990

*Aufsatz*

Hellwach sitze ich in die Nacht des Gründonnerstags, des Greindonnerstags hinein. Nach einer Flugreise habe ich eine Zeitverschiebung von fünf Stunden zu verkraften und nach zehn Tagen Abwesenheit die Rückkehr in das so fremd-vertraute Land.

Das Gruppenfoto von der neuen Regierung ist entwickelt. Die zweite Wahl für 24 Minister einer merkwürdigen Koalition nach der ersten Wahl für das harte Geld der Einheit.

Die Tage dieser Regierung sind gezählt. Wenn sie einmal gewogen wird, wird sie als zu leicht befunden werden, weil die Probleme zu groß waren für sie. Die Wahl hat viel verschoben. Vieles wird nun schnell verschoben. Zwölf Fragen stelle ich mir, stelle ich dieser Regierung:

1. Wo werden wir uns wiederfinden, wenn wir wieder vereinigt sind? In einem »starken Deutschland«, wie es ein Wahlplakat forderte, oder in einem einigen Europa mit einem freundlich-friedlichen Bundesstaat Deutschland?

2. Wieviel Kompetenz konnte diese nach der Eile des Umbruchs und des Wahltermins gebildete Regierung versammeln? Wird sie Kompetenzentscheidungen und Parteiinteressen wieder vermischen?

3. Wird sie den Riß in unserer Gesellschaft wieder schließen helfen, oder wird er sich vertiefen? Wie wird sie mit kritischen Minderheiten umgehen, und wird sie eine seismographische Begabung für aufbrechende Probleme haben?

4. Wieviel geistige und materielle Kraft für die Lösung der immensen Nachlaßprobleme von vierzig Jahren weitgehender Fehlentwicklung wird sie aufbringen können?

5. Wieviel Vertrauen wird sie sich über die Parteigrenzen hinweg erwerben?

6. Können sich die beteiligten Parteien mit Anstand an ihre Wahlaussagen erinnern? Wird die Regierung Versprechungen machen, von denen sie weiß, daß sie sie nicht einhalten kann?

7. Wird die Regierung ihre große parlamentarische Mehrheit ausnutzen und dabei die Argumente der Minderheit marginalisieren? (Bleiben ihr die Runden Tische in guter Erinnerung für die Gestaltung basisdemokratischer Strukturen?)

8. Erkennt sie, daß der bisherige Systemwechsel noch keineswegs ein Paradigmenwechsel im Interesse der längerfristigen Überlebensfähigkeit des Landes, des Kontinents, des Planeten bedeutet? (Dazu gehört ein Prioritätenwechsel vom Ökonomischen zum Ökologischen, vom Nationalen zum Internationalen, von der Ost-West-Problematik zur Nord-Süd-Problematik, vom Wachstum zur Selbstbegrenzung, vom Machen zur Wahrnehmung.)

9. Wieviel Eigenständigkeit im eigenen Interesse ihrer Bürger wird sie behaupten (wollen und können)?

10. Wird sie uns schlimmste Anpassungsprobleme im Anschluß-Einigungsverfahren ersparen können? (Soziale Turbulenzen durch Massenentlassungen und große Einkommensdifferenzen, ökonomischer Zusammenbruch bei plötzlichem Konkurrenzkampf, ökologisches Krisenmanagement nach vierzig Jahren verantwortungsloser Verschleißwirtschaft, Verlust unserer Kulturidentität durch erbarmungsloses Eindringen der Vergnügungsindustrie.)

11. Wird sie jedwede Bedürfnisse befriedigen wollen und aus jedweden Stimmungen Stimmen machen?

12. Wird sie beim KSZE-Prozeß bzw. beim Bau des europäischen Hauses die besonderen Verpflichtungen und Möglichkeiten des Friedens mit dem Osten aktiv wahrnehmen? Wird sie insbesondere dem latenten Antisowjetismus, Antipolonismus und Antisemitismus sensibel, rechtzeitig und wirksam begegnen? Wo und bei wem wird ihre Toleranzgrenze erreicht sein?

Meine Besorgnisse und meine Hoffnungen halten sich die Waage. Werde ich wieder zur Minderheit gehören, ja zu denen, die Angst haben, daß die Bespitzelten von gestern auch die Bespitzelten von morgen werden und daß die Aktenübergabe an den neuen Geheimdienst korrekt und vollständig erfolgt?

Nachdem es schon lautstark hieß: »Rote raus aus der Demo!« fürchte ich, daß bald Rufe ertönen werden: »Russen raus aus Deutschland!« Ich fürchte dies nach vierzig Jahren massiver Panzerwalze und nächtlichem akustischem Luftterror durch modernste Abfangjäger der Roten Armee, deren Soldaten uns immer als »Freunde« verordnet wurden, die aber nie wirklich menschliche Freundschaft als menschliche Begegnung erfahren konnten. Ich fürchte, wir stehen ganz am Anfang der deutsch-sowjetischen Freundschaft. (Ich erinnere mich genau, wie noch vor Weihnachten 1988 unsere Stasi der politischen Verwaltung der Streitkräfte der Roten Armee einen Wink gab, wir seien »Spione«, und so eine freundschaftlich-persönliche Begegnung zwischen sowjetischen Lehrerinnen und unserem Gesprächskreis in Wittenberg verhinderte. Die Kontaktsperren werden sich bitter rächen.)

Ich fühle mit den Polen, wenn das nächste Schlesiertreffen in Görlitz stattfinden sollte . . .

Ich verstehe die Angst anderer Völker vor meinem Volk, ja ich teile sie. Ich wünsche mir die internationale Einbindung, wirksame längerfristige Bändigungsinstrumente gegen das, was aus dem »Bauch der Deutschen« kommen kann, wenn sie erst einmal ihre ganze »Stärke« wiederentdecken. Andererseits beobachte ich mit großer Freude, wie europäisch die Menschen in der Bundesrepublik schon geworden sind. Dies möchten wir gern nachholen.

Eine friedliche Revolution hat auch ihre Probleme, die gerade in ihrem friedlichen Verlauf liegen. In unserem Falle haben die Trittbrettfahrer des Dezember die wenigen mutigen Vorkämpfer abgelöst und aus den Emotionen des Volkes Politik gemacht. Von visuellen Massenmedien unterstützt, haben Massenparolen politische Vernunft majorisiert.

Eine flugs rechtsgewendete Partei nutzte ihre Namensgleichheit mit einer westlichen und ließ sich von dieser ihre neuen Parolen zurufen. Eine friedliche Revolution ließ sich mit der versprochenen Währung schlicht kaufen, als sie sah, wie weit der Ausverkauf schon gediehen war. Der friedliche Verlauf ist auch »Verdienst« derer, die die »chinesische Angst« geschürt hatten, dann aber doch nicht schossen. (Werden wir wohl jemals herausbekommen, wem wir das zu verdanken haben?)

Am Schicksal des im Lande umhergestoßenen Erich Honecker wird mir klar, daß die friedliche Revolution keine Genugtuung finden konnte: Das Volk will den Kopf des Königs. Diese Revolution hatte weder Opfer, die als Märtyrer dienen konnten, noch Opfer, an denen die Masse ihr Mütchen kühlen konnte. So aber bleibt uns die mühsame Nacharbeit dieser neurotisierenden vierzig Jahre oder das Schnell-Vergessen beim Schnell-Vereinigen.

Unter meiner Post ist ein Brief aus Weimar: »Vorbei und nahezu vergessen die beglückenden, neue Hoffnung verheißenden Spätherbsttage des friedlichen freiheitlich-demokratischen Aufbruchs in unserem Land. Vorbei und auch fast vergessen der mutige Einsatz seiner Initiatoren und das selbstlose konsequente Wirken der Bürgerrechtsbewegungen und -initiativen, denen ›das Volk‹ am 18. März eine tief beschämende, politisch unqualifizierte Absage erteilte. Und in diesem Zusammenhang bleibt die bedenkenswerte Frage – neben hundert anderen – offen, inwieweit die Massenmedien wirklich prädestiniert und künftig objektiv in der Lage sind, den Menschen ein neues wahres Freiheits- und Demokratieverständnis zu vermitteln.« Teile ich mit dem Briefschreiber lediglich eine gewisse intellektuelle Arroganz, oder sind es die sprichwörtlichen Kassandrarufe?

Wo bin ich wieder gelandet! Aus der »Neuen Welt« zurückkehrend, schwebt mein Flugzeug lange, sehr lange über dem Leipziger Raum. Überall öffnet sich der Schlund der Erde – Generalangriff auf unsere Atemluft. Will ich da wieder landen? In dieser Giftküche?

Es ist mein Land. Aber fast wäre ich abgestürzt, die bestürzenden Geständnisse Wolfgang Schnurs lesend, die er nun dem »Stern« verkauft. So ein Wust von Wahnsinn und Geld-

Geltungssucht, von Erbärmlichkeit und Erbarmungswürdigkeit! An »Kohle« war er immer ebenso interessiert, wie er immer einen »Kohl« brauchte, der den Kleinen zu sich hochzieht. Mit ihm zusammen haben wir den »Aufbruch« versucht, nichtsahnend. Die veröffentlichten Geheiminformationen aus dem Mielketrust zeigen, wie gut die Stasi wußte, welchen *gemeinsamen* Aufbruch wir am 1. Oktober in Berlin gesucht hatten, um die Zersplitterung der Opposition zu verhindern. Er hat es uns gründlich verdorben. Was wir uns vertraulich ins Ohr flüsterten, das flüsterte der »Dr. Schirmer« sogleich ins konspirative Telefon. Es war seine Art, Glasnost zu betreiben, indem er allen alles verklarte, für Geld. Und dann faltet er die Hände, noch immer. Hatte er sich nicht selbst in Halle schon als »der neue Ministerpräsident« vorgestellt, in der Radarfalle (mit 151 km/h) den Polizisten mit »Konsequenzen« gedroht, als »die ehrliche Alternative« PDS-SPD-Spiele angezettelt, damit »Leistung endlich wieder lohnt« – mit seinem Konterfei ...

Schließlich besiegeln markige Ehrenworte des zwanghaften Anzugträgers die Verbarschelung unserer jungen Demokratie. Aber sie ist ja inzwischen – durch eine beeindrukkende Mehrheit bestätigt – großräumig und *noch* lautlos verscherbelt worden.

Schon stehen die existenzbedrohten Bauern vor der Tür der Volksvertretung. Ungezählte Betriebe werden schließen, weil die Bürger der »DDR« (die Anführungszeichen bekommen einen neuen Sinn!) ihre eigenen Produkte nicht mehr kaufen mögen. Wer gräbt da wem (un-)wissend ein Grab? Und wenn erst einmal die ersehnte D-Mark im Gnadenkurs 1 : 1 da ist, wer wird dann für hier Produziertes das wertvolle Geld ausgeben? Für subventioniertes Brot bestimmt, solange es das noch gibt.

Ich höre in dieser Nacht Radio DDR II – klassische Musik – und weiß: Dieser Sender wird verschwinden.

Ich kaufe jetzt unsere Illustrierten. Die verblenden meine Augen nicht mit Werbung und meine Seele nicht mit Klatsch. Vom Diktat der Parteilichkeit der Wahrheit befreit, beschreiben sie Wirklichkeit. Aber die Qualität des Drucks entspricht nicht der Qualität des Inhalts. Die Illustrierten aber, bei denen es umgekehrt ist, lassen unsere nun auch freien Bürger sich etwas kosten.

Suchten sie bisher in der Zeitung, was »die Linie« ist, so lassen sie sich nun durch »Bild« ins Bild setzen. Ich stehe in der Schlange und schäme mich. Dabei sind wir doch ein ganz normales Land geworden.

Ich habe heute in die Befragung der neuen Minister hineingehört. Ob Dr. Diestel die Akten der Stasi dem BND übergeben würde, wird als eine nicht zur Person gehörige Frage abgewiesen. Der neue Umweltminister hat alle Wendungen dieser CDU mitgemacht. Als das Wort »Umweltschutz« in der DDR noch nicht aussprechbar war, sprach er es nicht aus, als ob er nicht sah und roch, was die chemische Industrie dort in Leuna und Merseburg anrichtete. Ich wüßte weiß Gott kompetentere, engagiertere und glaubwürdigere Menschen für diesen überlebenswichtigen Verantwortungsbereich. Ein dritter antwortete auf Fragen nach einem früheren Zeitungsinterview, er habe die damalige offizielle Linie seiner Partei vertreten. Jetzt sei er in seiner Partei gewählt worden. Ich frage mich, ob er jetzt wieder nur eine offizielle Linie vertritt oder seine Meinung.

Ich bange um den mir nach der Wahl wieder erkennbarer gewordenen Bruder Lothar de Maizière, im Gerangel der Mächtigen und der Möchtegerne, der so eindrücklich von sich sagen kann: Ich bin ein Kind der DDR. Und unser Land ist so zerbrechlich.

Noch gibt es uns. Noch gibt es Menschen in diesem Lande, die sich ihre Würde nicht abkaufen lassen. Noch gibt es Menschen, die den basisdemokratischen, bürgerbewegungsnahen, innovationsfreudigen Traum nicht vorschnell aufgeben und auch das Nachdenken über den eigenen, vom Runden Tisch entworfenen Verfassungsentwurf gegenüber einer nun wieder erdrückenden Mehrheit einfordern. Ach, Konrad und Gerd, Ingrid und Bärbel, Vera und Reinhard, gebt nicht auf und werdet nicht bitter. Wir sind doch den Minderheitenstatus gewöhnt, und wir haben so viel erreicht. Eure Scharfsinnigkeit und eure Narrenkappe, eure Beharrlichkeit und Zivilcourage sind weiter und wieder gefragt. Aber diesmal in der Demokratie. Und in einem Europa, in dem nun Frieden und Menschenrechte, Menschenrechte und Frieden möglich werden.

# Karfreitag 1990
## im MORGENROCK von DT 64

*Rundfunkvortrag*

Liebe Zuhörer, alte und junge, Atheisten und Christen, Freitag, der 13., ist heute – der schwarze Freitag eines noch immer verbreiteten Aberglaubens.

Kar-Freitag ist heute. Kara kommt aus dem Althochdeutschen und heißt soviel wie Trauer, Wehklage. Klage-Freitag – es ist der Hinrichtungstag des revolutionären Pazifisten Jesus aus Nazareth.

Er rüttelte an der herrschenden Ideologie der Macht, der Besatzungsmacht und an der religiös-nationalistischen Erwählungsideologie seines eigenen Volkes ... Er setzte Liebe gegen Gewalt. Er setzte warme Menschlichkeit gegen kalte Gesetzlichkeit. Er setzte Brüderlichkeit, Geschwisterlichkeit gegen die Teilung der Welt in Freunde und Feinde, in Gute und Böse. Er wurde verraten von einem gekauften Freund, verurteilt in einem nächtlichen Schauprozeß. Aus Angst verleugnete ihn dann einer seiner treuesten Begleiter.

Eine aufgeputschte Menge verweigerte ihm Gnade und schrie: »Kreuzige! Kreuzige!«

(Dieselben hatten kurz zuvor ihm noch zugejubelt: »Hosianna!« Hoch ... Du bringst uns, was wir wünschen, dachten sie. Aber was er brachte, ließ sich nicht in Mark und Pfennig ausdrücken.)

Die Mitte des Menschen war für ihn nicht der Bauch, sondern das Herz, die Barmherzigkeit und nicht das Geschäft. Ja, er verdarb den guten Leuten auch mal das Geschäft und stieß die Tische der eilfertigen Geldwechsler um.

Er versprach keine schnellen Lösungen. Ihm lagen die Arbeitslosen und Rechtlosen, die Kinder und Frauen, die Kranken und Ausgegrenzten am Herzen. Er mutete sich und seinen Freunden den mühsamen Weg zum erfüllten Leben zu.

Gott, sagte er, ist ein Vater, dem man in der Liebe begegnet. Liebe ihn und liebe deinen Nächsten wie dich selbst. (Liebe also auch dich selbst. Nimm dich selbst an und nimm auch den andern an, und ihr werdet beide zu Menschen, zu Mitmenschen.)

Er blieb kritisch gegenüber denen, die ihre Macht suchten. Wer der erste sein wollte, der sollte der Diener des andern sein und nicht andere zu Knechten machen.

Er meinte, daß die bloße Gewinnorientierung zum Selbstverlust führt.

Die Schmähungen nahm er hin. Das Messer ließ er stekken. Als er angenagelt wurde, draußen vor der Stadt, da schien alles zu Ende. Aber was er in die Welt gebracht hatte, war nicht mehr totzukriegen, bis heute nicht. Er wurde erweckt zu neuem Leben. Er lebt seither in der Mitte derer, die mit ihm leben, mit ihm und durch ihn Leben finden. »Ich bin der Weg, die Wahrheit und das Leben«, wird von ihm gesagt.

Aber: Was er wollte, war nie so richtig mehrheitsfähig. Wer bleibt schon gern unten? Wer setzt schon im Machtkampf nicht die eigenen Mittel der Macht ein? Wer sieht es schon als richtig an, sogar Verbrechern und Verrätern Barmherzigkeit widerfahren zu lassen?

Liebe Zuhörer, ich denke heute, Karfreitag 1990, in dieser Republik, an alle, die in unserer Gesellschaft nach so vielen miesen Erfahrungen mit einer anmaßenden, verlogenen, schnüffelnden Staatsmacht nun so etwas wie Vergeltung suchen. Ich verstehe das gut. Aber: Durch neue Ausgrenzung, Abgrenzung, Verängstigung, Dialog- und Kooperationsverweigerung würde das alte Spiel sich nur mit umgekehrtem Vorzeichen fortsetzen.

Auch die schäbigen alten Herren, die Herren von gestern, sind Menschen, alt, krank, zerbrochen. Auch die heute Denunzierten werden mitsamt ihren Familien in Angst, ja Verzweiflung gestoßen.

Freilich, die ganze Wahrheit muß an den Tag, die ganze Schuld auch.

Das Gesetz muß für alle gelten. Aber Vergeltung würde

vergiften, Barmherzigkeit dagegen würde erlösend für alle wirken.

Der Klagefreitag, der Karfreitag ruft angesichts des vielen Leidens in der Welt zu einem aktiven Mit-Leid unter den ausgebreiteten Armen des gekreuzigten Menschensohnes.

# Anhang

# Bibliographische Nachweise

Die Texte dieser Sammlung sind chronologisch angeordnet und basieren – soweit noch nicht veröffentlicht – auf Vortragsmanuskripten, die vom Autor für diese Ausgabe geringfügig stilistisch verändert wurden. In den Fällen, wo neben dem vorbereiteten Manuskript auch ein Redemitschnitt vorlag, wurde auf diesen zurückgegriffen.

Die folgenden Nachweise geben Auskunft über den Anlaß der Reden bzw. über die Umstände, unter denen sie gehalten wurden, und vermerken den Erstdruck, soweit er erfolgte.

12 *Mit unseren Waffen schützen wir uns zu Tode* – Erweiterter Diskussionsbeitrag auf der IV. Synode des Bundes der Evangelischen Kirchen in der DDR, Halle, September 1982. Der Diskussionsbeitrag entstand im Zusammenhang mit einer friedenspolitischen Debatte, in der um die Aufstellung der SS-20-Raketen, um das Thema Nachrüstung und um das Für und Wider des Symbols »Schwerter zu Pflugscharen« gestritten wurde; unveröffentlicht.

1 vgl. Global 2000. Der Bericht an den Präsidenten. (36. Aufl.) Frankfurt am Main 1981
2 Bericht der Konferenz der Kirchenleitung, September 1982, S. 3
3 Egon Krenz im ND vom 17. 9. 1982
4 in der FREIHEIT vom 18. 12. 1981
5 Erich Honecker im ND vom 9. 6. 1978
6 Leitartikel im ND vom 29. 3. 1982
7 Harry Tisch im ND vom 24./25. 6. 1982
8 Hermann Axen im ND vom 10. 9. 1982
9 Paul Verner im ND vom 10. 11. 1978

34 *Dein Feind braucht Frieden* – Die Rede zum Abschluß der »Friedensbrücke« am 6. November 1983 in der Moritzkirche in Halle wurde vor ca. 3000 Menschen im Anschluß an einen

Sternmarsch gehalten. Redner auf der Abschlußveranstaltung der »Friedensbrücke« war neben Schorlemmer Walter Jens; unveröffentlicht.

1 zitiert aus dem Gedicht »Alle Tage« von Ingeborg Bachmann

40 *Vor den Trümmern zerbrochener Träume* – Diskussionsbeitrag auf der V. Synode des Bundes der Evangelischen Kirchen in der DDR, Görlitz, September 1987; unveröffentlicht.

43 *Über den Mut, einander die unzumutbaren Wahrheiten zuzumuten* – Eine Meditation, vorgetragen in der Eröffnungsveranstaltung der Ökumenischen Versammlung für »Gerechtigkeit, Frieden und Bewahrung der Schöpfung« in Dresden, 13. Februar 1988; veröffentlicht in: Die zehn Gebote. Eine Reihe mit Gedanken und Texten. (9) Hrsg. Heinrich Albertz. Radius-Verlag GmbH, Stuttgart 1988.

48 *Umkehren und Umgestalten* – Rede auf dem Evangelischen Kirchentag in Halle vor der Arbeitsgruppe »Umkehr führt weiter – wo gesellschaftliche Erneuerung nötig wird«, Juni 1988; veröffentlicht in: Frankfurter Rundschau vom 14. 7. 1988.

68 *Unsere Zukunft hat schon begonnen* – Predigt zum Umwelttag in Deutzen, Juni 1988; Diese Predigt wurde sozusagen »mit der Zeitung in der Hand« geschrieben; nach den schönfärberischen Berichten zum Umwelttag, angesichts des Robbensterbens und der Algenpest, angesichts der skandalösen Verknüpfung von Elbgrenzregelung mit Maßnahmen zur Entgiftung der Elbe, angesichts der Grundsatzrede von Kurt Hager zur Lage (ND vom 10. 6. 1988) und nach schweren Auseinandersetzungen zwischen Umweltgruppen und staatlichen Organen beim »Pleißemarsch«. So wurde aus der Predigt nach dem sehr bewegenden Forum in Deutzen in der Tat teilweise eine polemische Rede; unveröffentlicht.

1 Valentin Falin in: Leben statt Machen. Einwände gegen das Verzagen. Hrsg. Horst Eberhard Richter. Hamburg 1987, S. 29 ff

78 *Vorschläge und Anregungen zum IX. Pädagogenkonkreß* – Brief an das Ministerium für Volksbildung vom 23. 3. 1989; unveröffentlicht.

84 *Die schwärende Wunde* – Rede auf dem deutsch-deutschen Forum beim Evangelischen Kirchentag in Berlin (West), Juni 1989. Neben dem Gast aus der DDR sprach die Präsidentin

des Deutschen Bundestages Rita Süssmuth zum Thema »Deutsche Grenzen«; unveröffentlicht.

88 *Glaubwürdigkeit christlichen Handelns – aus der Sicht eines Pfarrers aus der DDR* – Beitrag auf dem Forum »Glauben und Fragen« beim Evangelischen Kirchentag in Berlin (West), Juni 1989; unveröffentlicht.

92 *Laßt uns die Wahl!* – Rede in der Reformierten Kirche Leipzig am 4. September 1989, vor einem Publikum gehalten, das unmittelbar vorher Übergriffen staatlicher Organe ausgesetzt war; veröffentlicht in: Die Opposition in der DDR. Entwürfe für einen anderen Sozialismus. Hrsg. Gerhard Rein. Wichern Verlag GmbH, Berlin (West) 1989.

108 *Wir drudeln in einen gesellschaftlichen Notstand* – Diskussionsbeitrag, gehalten in Eisenach auf der letzten Tagung der V. Synode des Bundes der Evangelischen Kirchen in der DDR, 17. September 1989; unveröffentlicht.

112 *Solidarität und Toleranz* – Rede auf der Protestdemonstration am 4. November 1989 in Berlin auf dem Alexanderplatz vor Hunderttausenden. Die Demonstration wurde initiiert von den Vertrauensleuten der Berliner Theater und galt der Durchsetzung der Artikel 27 und 28 der Verfassung der DDR (Presse- und Meinungsfreiheit); veröffentlicht in: 4. 11. 89. Protestdemonstration Berlin DDR. Hrsg. Annegret Hahn u. a., Henschelverlag Berlin, 1990.

115 *Revolution der Strukturen und der Barmherzigkeit* – Aufsatz; veröffentlicht in: Wochenpost (Nr. 48), 1. Dezember 1989.

123 *Die Menschheit reicht weiter* – Im Haus der Kulturen der Welt in Berlin (West) am 10. 12. 1989 anläßlich der Verleihung der Carl-von-Ossietzky-Medaille der Internationalen Liga für Menschenrechte Berlin (West) gehaltene Dankesrede. Die Medaille, überreicht von der Präsidentin der Internationalen Liga für Menschenrechte, Frau Kujawa, erhielt Friedrich Schorlemmer zusammen mit Antje Vollmer; gekürzte Fassung veröffentlicht in: Die Weltbühne (Nr. 52), 19. 12. 1989.

135 *Eine biblische Vision und unser Werden zu Menschen des Friedens* – Ein Gespräch über Ansichten zum Pazifismus mit Bettina Urbanski; veröffentlicht in: Berliner Zeitung vom 27./28. 1. 1990.

143 *Die Macht des Dornstrauchs* – Meditation im Gebet um Erneuerung in der Schloßkirche zu Wittenberg, 30. 1. 1990; veröffentlicht in: Constructiv (Nr. 1), März 1990.

149 *Das glücklichste Volk der Welt?* – Meditation im Gebet um Erneuerung in der Schloßkirche zu Wittenberg, 20. 2. 1990. Die Gebete um Erneuerung fanden vom 10. 10. 1989 bis 13. 3. 1990 jeweils dienstags in der Wittenberger Stadt- und Schloßkirche statt und wurden Ausgangspunkt der friedlichen Revolution in dieser Stadt; unveröffentlicht.

155 *Lieber bin ich traurig als leer* . . . – Gespräch mit Tatjana Trögel; veröffentlicht in: Freie Welt (Nr. 6), März 1990.

165 *Bis auch die Mauern in uns zerbröseln* . . . – Die Gedanken zu Mauerbildern des Fotografen Bernd-Horst Sefzik sind leicht gekürzt wiedergegeben; veröffentlicht in: Neue Berliner Illustrierte (Nr. 15), 6. 4. 1990.

169 *Nach(t)gedanken am Gründonnerstag 1990* – Geschrieben nach der Rückkehr von einer zehntägigen Reise in die »Neue Welt«; unveröffentlicht.

176 *Karfreitag 1990 im MORGENROCK von DT 64* – Gesendet am 13. 4. 1990.

# Biographische Notizen

Friedrich Schorlemmer wurde am 16. Mai 1944 in Wittenberge geboren. Der Vater, ein protestantischer Dorfpfarrer, kehrte 1946 aus amerikanischer Kriegsgefangenschaft heim. Er war überaus literatur- und geschichtsinteressiert und führte seine sechs Kinder an die Schätze der großen europäischen Kultur heran.

Zusammen mit seinen Geschwistern wuchs Friedrich Schorlemmer in einem sehr offenen Pfarrhaus auf. Seine Kindheit und Jugend verbrachte er in der Altmark, zunächst in einem Wischedorf, dann in der kleinen ehemaligen Hansestadt Werben an der Elbe. Geprägt hat ihn das Erlebnis dieser Landschaft mit ihrer dörflichen Kultur, das Leben am Elbestrom, aber auch die »sozialistische Umgestaltung« mit der fortwährenden Vertreibung von Bauern und dem fortschreitenden Verfall bäuerlicher Anwesen und ganzer Dörfer. Erstes bewußtes Erleben tödlicher Konflikte für ihn waren im Juni 1953 Schüsse auf einen flüchtenden politischen Gefangenen in unmittelbarer Nähe des Pfarrgrundstücks.

Nach Absolvierung der Grundschule wurde ihm aus »ideologischen Gründen« der Besuch der Oberschule verweigert. Er nahm eine Hausmeistertätigkeit auf und erreichte durch den Besuch der Abendschule die Abiturstufe. Sein Interesse galt der Literatur, besonders der Poesie unseres Jahrhunderts. Der Mauerbau 1961 durchkreuzte seinen Plan, in Westberlin Politologie, Theologie und Germanistik zu studieren. Er verweigerte den Wehrdienst, als es noch keinen Ersatzdienst in Baueinheiten gab.

Von 1962 bis 1967 studierte Friedrich Schorlemmer an der Martin-Luther-Universität Halle-Wittenberg Theologie. In diesen Jahren arbeitete er in der Evangelischen Studentengemeinde und in kritischen Studentenzirkeln mit. Diskutiert wurde in diesen Gruppen u. a. über die Existenzphilosophie, die Frankfurter Schule und Religiösen Sozialismus. Bevorzugte Lektüre in dieser Zeit wurden für ihn Arbeiten von Bertolt Brecht, Ernst Bloch, Leszek Kołakowski, Albert Camus, Walter Jens, Carl Friedrich von Weizsäcker und Paul Tillich. Wesentlich für ihn wurde 1966 die persönliche Begegnung mit dem Prager Philosophen Milan Machovec. Politisches Engagement während und nach dem Prager Frühling wie auch die offene Ablehnung der 68er Verfassung stempelten ihn in den Augen der Staatsmacht zum »Reaktionär«.

Nach Abschluß des Studiums arbeitete Friedrich Schorlemmer ab 1968 als Studienleiter in einem Studentenwohnheim der Franckeschen Stiftungen und als Vikar in Halle-West. In diesen Jahren hatte er wegen freimütiger Meinungsäußerungen wiederholt »Kontakt« mit der Staatssicherheit, die ihm 1971 beim Wechsel nach Merseburg versprach, ihn »nie wieder aus den Augen verlieren« zu wollen. 1969 heiratete er eine Ärztin. Aus der Ehe, die 1989 geschieden wurde, gingen die Kinder Uta und Martin hervor. In Merseburg war er bis 1978 als Jugend- und Studentenpfarrer tätig. Das Leben zwischen den Chemiegiganten Leuna und Buna konfrontierte ihn mit einem besonders konfliktgeladenen Bereich unserer Gesellschaft. Unter dem Eindruck extremer Umweltschäden in diesem Raum sowie der Folgen für die hier wohnenden Menschen konzentrierte sich von nun an seine Mitarbeit in verschiedenen Arbeitskreisen auf globale Überlebensfragen der Menschheit. Wesentliche Denkanstöße vermittelten ihm vor allem die Arbeiten von Dennis Meadows (u. a.) »Die Grenzen des Wachstums«, Alexander Mitscherlich »Die Unfähigkeit zu trauern« und Ernst Fromm »Haben oder Sein«.

1978 wechselte Friedrich Schorlemmer nach Wittenberg und ist seitdem als Dozent am Evangelischen Predigerseminar (postgraduale Ausbildung für Theologen) und als Prediger an der Schloßkirche tätig. Seit 1976 ist er Mitglied in Synoden auf Landeskirchen- und DDR-Ebene. Auf den Kirchentagen 1976, 1978, 1983, 1987 und 1988 referierte er über gesellschaftspolitische Fragestellungen und organisierte Aktionen (Umschmieden eines Schwertes zur Pflugschar auf dem Lutherhof, 1983). 1988 legte er auf dem Kirchentag in Halle »Zwanzig Thesen zur gesellschaftlichen Erneuerung« vor, die von einem Wittenberger Gemeindekreis unter seiner maßgeblichen Mitwirkung erarbeitet worden waren.

Seit 1978 arbeitet Friedrich Schorlemmer in der kirchlichen Friedensbewegung und konnte erste internationale Kontakte knüpfen. Neben den Problemfeldern Abrüstung und Umweltschutz setzte er sich angesichts der zunehmend krisenhaften Entwicklung in der DDR engagiert für eine grundlegende Reform des Sozialismus ein. Neue Impulse erhielt diese Arbeit nach 1985 durch das Denken und die Politik Gorbatschows. Im Rahmen dieser Bemühungen besaßen für ihn eine differenzierte Aufarbeitung der deutschen Geschichte und die Verständigung mit Polen einen besonderen Stellenwert.

1987 war er aktiv in der Vorbereitung und Durchführung des Olof-Palme-Friedensmarsches in der ČSSR und in Wittenberg beteiligt. 1988 und 1989 nahm er am konziliaren Prozeß für »Gerechtigkeit, Frieden und Bewahrung der Schöpfung« in Dresden teil. Am gesellschaftlichen Umbruch in der DDR hat Friedrich Schorlemmer durch offene Briefe, Eingaben und Protestschreiben, durch Vorträge, Seminare und Predigten, durch Aktionen gegen Kernenergie, Städteverfall und Umweltverschmutzung, durch öffentlichen Einsatz für Glasnost und Perestroika in der DDR aktiv mitgewirkt. Im April 1989 forderte er in einer öffentlichen Veranstaltung in der Berliner Samaritergemeinde die Bildung einer sozialistischen demokratischen Reformpartei, die Revision des Artikels 1 der Verfassung und eine grundlegende Veränderung des Strafgesetzbuches. Im August 1989 war er einer der zehn Initiatoren des »Demokratischen Aufbruch«, im Januar 1990 wechselte er zur SPD über. Für seine pazifistische Grundhaltung und sein demokratisches Engagement wurde er im Dezember 1989 mit der Carl-von-Ossietzky-Medaille der Internationalen Liga für Menschenrechte ausgezeichnet.

Richard von Weizsäcker

# Brücken zur Verständigung

Reden

*288 Seiten, Paperback, 12,00 DM*
*Weizsäcker, Brücken*
*ISBN 3-373-00407-1*

Der Band enthält 29 Reden, die Richard von Weizsäcker als Vizepräsident des Deutschen Bundestages, als Regierender Bürgermeister von Berlin (West) und, seit 1984, als Präsident der Bundesrepublik Deutschland gehalten hat. »Es handelt sich hier um Gedanken von mir, die ich mündlich oder schriftlich im Laufe der letzten zehn Jahre von mir gegeben habe. Sie haben sich immer mit der Frage beschäftigt, wie wir in Europa zu einer besseren Entspannung und Zusammenarbeit kommen. Mitten in Europa liegen die beiden deutschen Staaten. Wie wir miteinander auskommen, hat seine bedeutsamen Auswirkungen auf dem Weg in eine friedliche Zukunft in Europa im ganzen.«

# Nachdenken über Deutschland

Band 1

*Herausgegeben von Dietmar Keller*
*Mit Fotos von Armin Herrmann, Sebastian Hoppe, Barbara Köppe, Armin Kühne, Bernd-Horst Sefzik*
*200 Seiten, Paperback, 12,80 DM*
*Nachdenken 1*
*ISBN 3-373-00417-9*

Zum »Nachdenken über Deutschland« sind seit dem 25. Februar 1990 prominente Schriftsteller, Philosophen, Journalisten und Politiker in den Apollo-Saal der traditionsreichen Deutschen Staatsoper Berlin eingeladen. Die ersten Gäste der vom Verlag der Nation Berlin, dem Luchterhand Literaturverlag Frankfurt am Main und dem Ministerium für Kultur der DDR getragenen Veranstaltungsreihe waren Günter Grass, Rolf Hochhuth, Henry Marx, Adel Karasholi und Carl Friedrich von Weizsäcker. Aus ganz persönlicher Sicht haben sie Geschichte in Erinnerung gebracht, Gegenwart beobachtet und ihre Hoffnungen und Wünsche, aber auch Befürchtungen und Ängste für die Zukunft artikuliert.

Dieter Lattmann

# Deutsch-deutsche Brennpunkte

## Ein Schriftsteller in der Politik

*Mit einem Beitrag von Erhard Eppler*
*272 Seiten, Paperback, 12,80 DM*
*Lattmann, Brennpunkte*
*ISBN 3-373-00413-6*

Die achtjährige basisdemokratisch orientierte parlamentarische Arbeit Lattmanns als Bundestagsabgeordneter der SPD und Obmann für Kulturpolitik seiner Fraktion, seine Gedanken zur Spaltung und zur Einheit Deutschlands und die Notwendigkeit, sich der jüngsten Geschichte in unserer schnelllebigen Zeit wirklich bewußt zu werden, das sind die wichtigsten Themen dieser Auswahl.

Lattmanns Arbeiten, die von Bürgersinn, Zivilcourage und Toleranz zeugen, können viele von uns ermuntern, den schwierigen Weg, Demokratie zu lernen und zum mündigen Bürger zu werden, weiterzugehen.

31,8

VdN